KALBFLEISCH

Interventionsdienst

Interventionsdienst

Lerninhalte für die Qualifizierung der Interventionskräfte von Wach- und Sicherheitsunternehmen

Helmut Kalbfleisch
Ausbildungsleiter der WISAG Sicherheit & Service Trainings GmbH, Frankfurt am Main,
IHK-Prüfer für Sicherheitsberufe, Lehrkraft der „Fachkraft/Servicekraft für Schutz und Sicherheit“

2., überarbeitete Auflage, 2019

Helmut Kalbfleisch, geb. 1953, derzeit Ausbildungsleiter der WISAG Sicherheit & Service Trainings GmbH in Frankfurt am Main. Seit mehreren Jahren Lehrkraft der Ausbildungsberufe „Fachkraft/Servicekraft für Schutz und Sicherheit“ sowie IHK-Prüfer für Sicherheitsberufe. Vor dem Wechsel in die private Sicherheitswirtschaft Kriminalbeamter in verschiedenen Verwendungen mit zahlreichen Spezialausbildungen (z. B. Personenschutzausbildung, Kriminaltechnik, Spurensicherung).

Bibliografische Information der Deutschen Nationalbibliothek | Die Deutsche Nationalbibliothek verzeichnet diese Publikation in der Deutschen Nationalbibliografie; detaillierte bibliografische Daten sind im Internet über www.dnb.de abrufbar.

2. Auflage, 2019

ISBN 978-3-415-06427-0

Titelfoto: © Chris Titze Imaging – stock.adobe.com | Satz: Olaf Mangold Text &Typo, 70374 Stuttgart | Druck und Bindung: Medienhaus Plump GmbH, Rolandsecker Weg 33, 53619 Rheinbreitbach

Richard Boorberg Verlag GmbH & Co KG | Scharrstraße 2 | 70563 Stuttgart
Stuttgart | München | Hannover | Berlin | Weimar | Dresden
www.boorberg.de

Vorwort

Die Lerninhalte orientieren sich an den VdS-Richtlinien (VdS 2868) für Wach- und Sicherheitsunternehmen und sind eine Hilfe für die Qualifizierung und Schulungsmaßnahmen für Interventionskräfte gemäß den Richtlinien für die Anerkennung von Wach- und Sicherheitsunternehmen – Interventionsstellen, VdS 2172.

In dieser Broschüre werden den Mitarbeitern des Alarm- und Interventionsdienstes unter anderem die rechtlichen Grundlagen ihrer Tätigkeit und wichtige Handlungsgrundsätze vermittelt, die für den täglichen Dienst erforderlich sind und die für die Interventionskräfte eine Optimierung ihrer Dienstleistung darstellen. Die notwendigen Lerninhalte für Interventionskräfte der Wach- und Sicherheitsunternehmen werden aufgezeigt, praxisgerecht dargestellt und den Interventionskräften Handlungssicherheit vermittelt.

Mit realistischer Risikoanalyse am Interventionsort sollen die Interventionskräfte die Tragweite ihres Handelns erkennen und somit das persönliche Risiko erheblich minimieren. Ziel des Interventionsdienstes ist eine Schadensbegrenzung für den Kunden im Rahmen der vertraglich vereinbarten Dienstleistung.

Die überarbeitete Neuauflage berücksichtigt die aktuellen Rechtsänderungen wie beispielsweise die Einführung des § 244 Abs. 4 StGB, der den Wohnungseinbruchsdiebstahl aus einer dauerhaft genutzten Privatwohnung zum einem Verbrechen erhebt. Weiterhin wurden die rechtlichen Regelungen zur Videoüberwachung der seit Mitte 2018 geltenden Regelungen der DSGVO (Datenschutz-Grundverordnung) in Verbindung mit dem BDSG (Bundesdatenschutzgesetz) auf den neuesten Stand gebracht.

Am Beginn eines jeden Kapitels wird nun auf die Relevanz der Themen für die Interventionskräfte besonders hingewiesen. Weiterhin sind auch sonst relevante Passagen nochmals optisch als Hinweis- oder Merksatz hervorgehoben.

Frankfurt am Main, im Herbst 2018 Helmut Kalbfleisch

Abkürzungsverzeichnis

ArbSchG	Arbeitsschutzgesetz
ASR	Technische Regeln für Arbeitsstätten
BDSG	Bundesdatenschutzgesetz
BGB	Bürgerliches Gesetzbuch
BGH	Bundesgerichtshof
BMA	Brandmeldeanlage
BMZ	Brandmeldezentrale
BVerfG	Bundesverfassungsgericht
DGUV	Deutsche Gesetzliche Unfallversicherung e.V.
DSGVO	Datenschutz-Grundverordnung
EMA	Einbruchmeldeanlage
EMZ	Einbruchmeldezentrale
GG	Grundgesetz
GHS	Generalhauptschlüsselanlage
GMA	Gefahrenmeldeanlage
HS	Hauptschlüsselanlage
IK	Interventionskraft
NSL	Notruf- und Serviceleitstelle
RFID	Radio-frequency identification
StGB	Strafgesetzbuch
StPO	Strafprozessordnung
StVO	Straßenverkehrs-Ordnung
ÜMA	Überfallmeldeanlage

Inhaltsverzeichnis

1. Grundlagen des Interventionsdienstes

Die **Intervention** (lat. intervenire = dazwischentreten, sich einschalten) beschreibt im Allgemeinen das „sich einmischen" einer unbeteiligten Partei in einen Konflikt (lat.: confligere = zusammentreffen, kämpfen, gegenseitig sich ausschließende Interessenlage.)

In der **Sicherheitswirtschaft** bedeutet **Intervention**, dass eine gefahrenfreie Soll-Situation sich evtl. zu einer negativen Ist-Situation verändert hat, die eine Nachschau oder ein Eingreifen des Sicherheitsdienstes notwendig macht und keinen zeitlichen Aufschub duldet. In der Regel wird eine Intervention durch einen **Alarm** (automatisch oder manuell) ausgelöst.[1]

Hinweis

Die **Alarmverfolgung** stellt für die Sicherheitsmitarbeiter immer eine besondere Gefahrensituation dar, da bei jeder Alarmverfolgung damit zu rechnen ist, dass ein „Echtalarm" vorliegt, der zu einer Konfrontation mit Straftätern oder sonstigen lebensbedrohlichen Situationen führen kann.

Allein die Fahrt zum Ort der Alarmauslösung stellt die Sicherheitsmitarbeiter unter eine hohe psychische Belastung, da eine ungewisse gedankliche Gefahrensituation vorhanden ist. Der Mitarbeiter möchte schnellstmöglich zum Ereignisort kommen, um Gewissheit über die Alarmauslösung zu erhalten, muss sich aber auf der Fahrt dorthin voll auf den Straßenverkehr konzentrieren und kann auch keinerlei Sonderrechte aus der StVO für sich in Anspruch nehmen (siehe Kapitel 3 – Dienstkunde).

Alarmverfolgung und Intervention sind auf Grund der Wichtigkeit für die Sicherheitsunternehmen in der **DIN 77200-1:2017-11** genauer beschrieben, u. a. wird der **Alarmdienst** definiert als:

1 *Bell u.a.*, Fachkraft/Servicekraft für Schutz und Sicherheit, Band 2, Richard Boorberg Verlag, 6. Auflage, 2017, S. 39.

„Form der Sicherungsdienstleistung, bei der Sicherheitsmitarbeiter an einem stationären Ort spezifische Kontrolltätigkeiten mittels technischer Systeme ausführen sowie Alarme bzw. Notmeldungen verfolgen und bei sicherheitsrelevanten Feststellungen Maßnahmen einleiten."

Abbildung 1: Arbeitsplatz in einer NSL

Die **Notruf- und Service-Leitstelle** wird wie folgt beschrieben (noch) nach DIN 77200:2008-05:

„Gesicherter, ständig besetzter Bereich, in dem Alarmempfangseinrichtungen für Gefahrenmeldungen betrieben und von dem aus Interventionen eingeleitet, überwacht und dokumentiert werden."

Aufgrund dieser Tätigkeitsbeschreibung ergibt sich eine hohe Leistungsanforderung an die in einer NSL eingesetzten Sicherheitsmitarbeiter. Die VdS Schadensverhütung hat daher Richtlinien für die Anerkennung von Wach- und Sicherheitsunternehmen unter VdS RL 2153 – Notruf und Service-Leitstellen – und unter VdS RL 2237 – Qualifikation zur NSL-Fachkraft – erlassen.

Hinweis

Die vorstehende Beschreibung des Alarmdienstes skizziert die „Abarbeitung" eines Alarmes in einer NSL. Die Durchführung der weiteren Maßnahmen obliegt dem Interventionsdienst vor Ort, am Ereignisort.

Der **Interventionsdienst** umfasst nach **DIN 77200-1:2017-11** *„die Durchführung vereinbarter Maßnahmen aufgrund eines speziellen, nicht regelmäßig eintretenden Ereignisses am Ereignisort innerhalb einer festgelegten Frist"*.

Die Anforderungen für die Interventionskräfte sind in der VdS Richtlinie 2172 geregelt. Als Qualifizierung gilt die Teilnahme an einer Schulung (24 Unterrichtseinheiten) und anschließender **Wissensfeststellung**. Die Wissensfeststellung muss über eine VdS-anerkannte Prüfstelle erfolgen. Ausnahmen gelten für die Interventionskräfte, die bereits seit Oktober 2000 als Interventions- oder Revierkräfte eingesetzt sind, sowie für Mitarbeiter, die eine höherwertige Qualifikation besitzen.

Abbildung 2: Teilansicht einer NSL

2. Rechtsgrundlagen für den Interventionsdienst

Anforderungen an Interventionskräfte

Fundierte Rechtskenntnisse sind für die Interventionskraft zwingend notwendig. Beim Einschreiten kann sich die Interventionskraft nur auf Ausnahmerechte/Rechtfertigungsgründe aus dem Strafgesetzbuch (StGB), der Strafprozessordnung (StPO) oder dem Bürgerlichen Gesetzbuch (BGB) berufen und muss daher die Tragweite dieser Rechte sicher beurteilen können.

2.1 Grundrechte

Die Interventionskraft (IK) muss sich der Tragweite ihres Handelns bewusst sein. Sie darf ihre Tätigkeit nur auf der Grundlage von Recht und Gesetz ausüben und muss daher die Grenzen ihrer Tätigkeit genau kennen. Es besteht daher die zwingende Notwendigkeit, sich mit dem Rechtssystem der Bundesrepublik Deutschland vertraut zu machen und die wichtigsten **Grundrechte** zu kennen. Fundierte Rechtskenntnisse geben der IK die notwendige Sicherheit für professionelles und zielgerichtetes Handeln im Alarmfall und beim Einschreiten in Gefahrensituationen.

Die IK sollte wissen:

- Grundrechte **binden** alle **Staatsgewalt** als unmittelbar geltendes Recht,
- Grundrechte sind **Abwehrrechte des Bürgers gegenüber** dem **Staat**,
- Grundrechte verkörpern eine **objektive Werteordnung** für alle Rechtsbereiche,
- Die Einhaltung der Grundrechte wird vom **Bundesverfassungsgericht** überwacht.

Die IK muss die wichtigsten, nachfolgend genannten Grundrechte kennen.

Menschenwürde, Art. 1 Abs. 1 GG

Die **Menschenwürde** (Art. 1 Abs. 1 GG) ist ein Wert- und Achtungsanspruch, der jedem Menschen zusteht, unabhängig von seinem geistigen oder körperlichen Zustand oder sozialen Status. Die Menschenwürde ist der oberste Grundwert und gilt als einzige Verfassungsnorm absolut. Sie kann nicht eingeschränkt werden.

Allgemeine Handlungsfreiheit, Art. 2 Abs. 1 GG

Jeder hat das Recht auf freie Entfaltung seiner Persönlichkeit, soweit er nicht die Rechte anderer verletzt und nicht gegen die verfassungsmäßige Ordnung oder das Sittengesetz verstößt.

Die **Allgemeine Handlungsfreiheit** (Art. 2 Abs. 1 GG) gilt natürlich nicht schrankenlos. Sie ist ein „Auffanggrundrecht“, sofern spezielle Grundrechte nicht vorhanden sind.

Einschränkungen der Allgemeinen Handlungsfreiheit ergeben sich aufgrund der sog. Schrankentrias – diese bestehen aus der verfassungsmäßigen Ordnung, den Rechten anderer und dem Sittengesetz. Das Sittengesetz ist keine rechtliche Norm, sondern das Rechtsempfinden der Allgemeinheit hinsichtlich „Sitte“ und „Anstand“, es wird nach vorherrschenden Moralvorstellungen geprägt.

Recht auf Leben und körperliche Unversehrtheit und Freiheit der Person, Art. 2 Abs. 2 GG

Das Grundrecht **Recht auf Leben und körperliche Unversehrtheit** (Art. 2 Abs. 2 GG) schützt die physische und psychische Unversehrtheit des Menschen. Folter, Körperstrafen und schmerzverursachende Maßnahmen sind verboten.

Das Grundrecht **Freiheit der Person** (Art. 2 Abs. 2 GG) schützt das Recht jedes Menschen, seinen Aufenthaltsort frei wählen zu können. Das Grundrecht soll den Bürger vor willkürlichen Freiheitseingriffen durch den Staat schützen.

Gleichheitsgrundsatz, Art. 3 GG

Art. 3 GG beinhaltet die **Gleichheit vor dem Gesetz**. Dies bedeutet, dass gleiche Sachverhalte gleich behandelt werden müssen, Urteile ohne Ansehen der Person zu vollziehen sind und das Gebot der Rechtsanwendungsgleichheit besteht. Weiterhin beinhaltet das Grundrecht die Gleichheit von Mann und Frau. Das außerdem dort normierte Diskriminierungsverbot wirkt jeder Benachteiligung wegen religiöser oder politischer Anschauung, Abstammung, Rasse, Herkunft oder Behinderung entgegen.

Meinungsfreiheit, Art. 5 Abs. 1 GG

Das Grundrecht auf **Meinungsfreiheit** (Art. 5 Abs. 1 GG) ist ein sogenanntes Menschenrecht. Die Meinungsbildung darf vom Staat nicht verhindert oder wesentlich unterdrückt werden. Die nicht vorhandene Zensur ist bezeichnend für eine funktionierende Demokratie.

Allerdings ist die Meinungsfreiheit nicht schrankenlos, sondern findet Beschränkungen im Schutz der persönlichen Ehre, dem Jugendschutz, den Bestimmungen des unlauteren Wettbewerbs und dem Urheberrechtsgesetz.

Versammlungsfreiheit, Art. 8 GG

Das Grundrecht auf **Versammlungsfreiheit** (Art. 8 GG) ist ein Bürgerrecht, das nur für deutsche Staatsangehörige zutreffend ist. Der Grundrechtsschutz bezieht sich nur auf das Versammeln in friedlicher Absicht. Versammlungen unter freien Himmel können unter bestimmten Voraussetzungen eingeschränkt werden (Versammlungsgesetz). Ausländische Bürger können sich aufgrund der allgemeinen Handlungsfreiheit in Verbindung mit der allgemeinen Meinungsfreiheit gleichermaßen versammeln.

Brief-, Post- und Fernmeldegeheimnis, Art. 10 GG

Die Unverletzlichkeit des **Brief-, Post- und Fernmeldegeheimnisses** ist in Art. 10 GG festgeschrieben. Das Briefgeheimnis ist der Schutz des Briefverkehrs gegen die Kenntnisnahme des Inhalts durch die öffentliche Gewalt. Der Schutzbereich des Inhalts umfasst sowohl Absender-, Empfänger- und Beförderungsdaten. Das Postgeheimnis umfasst alle an die Post übergebenen Sendungen und damit jede von der Post übermittelte Nachricht.

Das **Fernmeldegeheimnis** schützt als Sonderfall des Postgeheimnisses die „unkörperliche" Übermittlung von Informationen i. R. d. Telekommunikationsverkehrs, dies gilt für Telefonate, E-Mails, Funk- und Fernmeldeverkehr. Der Schutzbereich des Fernmeldegeheimnisses umfasst sowohl die Kommunikationsinhalte als auch die Kommunikationsumstände (z. B. Standortbestimmung von Mobiltelefonen).

Unverletzlichkeit der Wohnung, Art. 13 GG

Das Grundrecht auf **Unverletzlichkeit der Wohnung** (Art. 13 GG) ist ein Abwehrrecht des Bürgers gegen das Eindringen staatlicher Gewalt in grundrechtlich geschützte Räume. Der Kernbereich dieses Grundrechts beinhaltet eine Privatsphäre, in der der Einzelne das Recht haben soll, von staatlicher Gewalt in Ruhe gelassen zu werden. Dies ist eine Kernaussage des BVerfG in mehreren Entscheidungen.

Wohnung sind alle Räume, die der Wohnungsinhaber ständig oder zeitweise zum Wohnen nutzt. Die Eigentumsverhältnisse sind dabei unerheblich, da der Wohnungsinhaber der Grundrechtsträger ist. Die Wohnungsdurchsuchung von staatlichen Organen stellt einen schwerwiegenden Grundrechtseingriff dar und ist grundsätzlich von einem Richter anzuordnen.

Eigentum, Art. 14 GG

Das Grundrecht auf **Eigentum** (Art. 14 GG) beinhaltet jedes vermögenswerte Recht, das einer Person zur privaten Nutzung zur Verfügung steht. Das Eigentumsrecht ist auch ein Abwehrrecht des Bürgers gegenüber dem Staat, der nur unter besonderen Umständen in das Grundrecht eingreifen darf. So sind Enteignungen nur zum Wohl der Allgemeinheit erlaubt und eine Entschädigung muss gesetzlich geregelt sein. Strafrechtlichen Schutz erfährt das Eigentum zum Beispiel im Strafgesetzbuch.

Zitiergebot und Wesensgehaltsgarantie von Grundrechten, Art. 19 GG

Das sogenannte **Zitiergebot** und die **Wesensgehaltsgarantie** von Grundrechten sind in Art. 19 GG festgeschrieben. Das Zitiergebot verpflichtet den Gesetzgeber bei Einschränkungen von Grundrechten das betroffene Grundrecht unter Angabe des Grundrechtsartikels zu nennen. Damit soll Rechtssicherheit und Rechtsklarheit zwischen höherrangigem und niederrangigem Recht geschaffen werden. Die Wesensgehaltsgarantie schützt den Kernbereich der Grundrechte vor staatlichen Eingriffen. Aufgabe des Bundesverfassungsgerichtes (BVerfG) ist es, die Einhaltung dieser Garantie zu überwachen und dem Gesetzgeber Schranken aufzuerlegen.

Rechtsschutzgarantie, Art. 19 Abs. 4 GG

Die sogenannte **Rechtsschutzgarantie** (Art. 19 Abs. 4 GG) ist das Recht des Grundrechtsträgers, staatliche Gerichte anzurufen. Damit besteht ein Recht auf effektiven Rechtsschutz, der den Zugang zu den jeweiligen Gerichten, die Prüfung des Sachverhalts und eine gerichtliche Entscheidung umfasst. Bei der Erschöpfung des Rechtsweges kann das BVerfG angerufen werden.

2.2 Abgrenzung Öffentliches Recht/Privatrecht

Eine Abgrenzung zwischen Öffentlichem Recht und Privatrecht ist zwar rechtlich umstritten, aus praktischen Überlegungen aber notwendig, um bei Streitigkeiten eine Rechtswegentscheidung treffen zu können.

Das **öffentliche Recht** als Teil der Rechtsordnung regelt das Verhältnis von staatlichen Hoheitsträgern und den sogenannten Privatrechtssubjekten, beispielsweise dem einzelnen Bürger. Das öffentliche Recht umfasst außerdem die gesamte Rechtsmaterie, die die Organisation und Funktionalität des Staates gewährleistet. Das **Privatrecht** hingegen regelt die Beziehungen zwischen den Privatrechtssubjekten, zwischen den Bürgern selbst oder Firmen.

Hinweis

Die Unterscheidung, ob öffentliches Recht oder Privatrecht vorliegt, kann zweckmäßigerweise überwiegend mit der sogenannten **Zuordnungstheorie** getroffen werden. Danach ist immer öffentliches Recht gegeben, wenn die betroffene Gesetzesnorm nur für den Hoheitsträger gilt.

Zum öffentlichen Recht gehören das Völkerrecht, Europarecht, Staats- und Verfassungsrecht, Verwaltungsrecht, Sozialrecht, Steuerrecht und Strafrecht.

Polizei und Ordnungsbehörden haben eine Vielzahl von Eingriffsermächtigungen (z. B. Polizeigesetze, Straf- und Strafprozessrecht), über die die privaten Sicherheitsdienste nicht verfügen.

Das staatliche **Gewaltmonopol** und sich daraus ergebene Sonderrechte stehen ausschließlich staatlichen Organen zu (Polizei, Ordnungsbehörden, Staatsanwaltschaft). Mit der Ausübung des staatlichen Gewaltmonopols soll das Funktionieren des Rechtsstaates gewährleistet werden. Der Bürger darf das Recht nicht „in die eigene Hand nehmen", sondern die staatlichen Organe werden für ihn tätig (z. B. im Strafrecht – keine Rache des Geschädigten, sondern ein Gerichtsverfahren, das rechtsstaatlichen Grundsätzen entspricht). Die Hoheitsträger sind bei Anwendung der staatlichen Gewalt streng an Recht und Gesetz gebunden. So sind im Rahmen der Strafverfolgung die Bestimmungen der StPO einzuhalten (Dauer der Freiheitsentziehung, Grundlagen der Festnahme und Wohnungsdurchsuchung, Eingriffe ins Fernmeldegeheimnis, u. a.).

Die Aufgaben der Polizei und Polizeibehörden (Verwaltungsbehörden) sind die **Gefahrenabwehr** und die **Strafverfolgung**. Der Tätigkeitsschwerpunkt ist dabei die Aufrechterhaltung der öffentlichen Sicherheit und Ordnung im Rahmen der Gefahrenabwehr, während die Strafverfolgung im Rahmen des sogenannten Legalitätsprinzips eine geringere Rolle spielt.

2.3 Privatrechtliche Tätigkeitsgrundlagen zum Schutz von Eigentum und Besitz

Während die staatlichen Hoheitsträger mit einer Fülle von Machtbefugnissen ausgestattet sind, können die IK lediglich **Ausnahmerechte** beim Einschreiten für sich in Anspruch nehmen. Die Ausnahmerechte, auch **„Jedermannsrechte“** genannt, sind Rechte, die jedem Bürger zustehen. Dies sind einmal die Grundrechte und die Rechtfertigungsgründe, die jeder für sich in Anspruch nehmen kann.

Ausnahmerechte aus dem Bereich des öffentlichen Rechts sind:

- Notwehr – § 32 StGB,
- Rechtfertigender Notstand – § 34 StGB,
- Vorläufige Festnahme – § 127 Abs. 1 StPO.

Merke

Die **Notwehr** ist das wichtigste Ausnahmerecht. Den Notwehr-Paragraphen findet man sowohl im Strafgesetzbuch als auch im Bürgerlichen Recht sowie im Ordnungswidrigkeitenrecht.

Notwehr § 32 StGB

(1) Wer eine Tat begeht, die durch Notwehr geboten ist, handelt nicht rechtswidrig.

(2) Notwehr ist die Verteidigung, die erforderlich ist, um einen gegenwärtigen rechtswidrigen Angriff von sich oder einem anderen abzuwenden.

Von der im Rahmen der Notwehr handelnden IK ist zunächst zu prüfen, ob eine **Notwehrlage**, also ein gegenwärtiger rechtswidriger **Angriff** vorliegt. Dieser Angriff eines Menschen kann ein beliebiges Rechtsgut verletzen. Der Angriff kann gegen ihn selbst oder eine andere Person gerichtet sein. Ist der Angriff gegen eine andere Person gerichtet, spricht man von Nothilfe.

Der Angriff muss gegenwärtig und rechtswidrig sein. **Gegenwärtig** ist der Angriff, wenn er unmittelbar bevorsteht, schon begonnen hat und noch andauert. **Rechtswidrig** ist der Angriff, wenn er im Widerspruch zur Rechtsordnung steht.

Weiterhin muss sich die IK über die Tragweite ihrer Verteidigungshandlung bewusst sein. Sie muss prüfen, ob ihre Verteidigungshandlung erforderlich und geeignet ist.

Erforderlich ist die Verteidigungshandlung dann, wenn sie die sofortige Beendigung des Angriffs erwarten lässt und die endgültige Beseitigung der Gefahr gewährleistet. **Geeignet** ist sie, wenn sie den Angriff beendet oder zumindest abschwächt. Verhältnismäßig ist die Verteidigungshandlung, wenn bei der Auswahl der Verteidigungsmittel das Mittel gewählt wird, das dem Angreifer den geringstmöglichen Schaden zufügt. Eine zwingende Güterabwägung wird von dem in Notwehr Handelnden jedoch nicht verlangt. Von ihm wird jedoch gefordert, dass er **Verteidigungswillen** besitzt. Er darf die Notwehrlage nicht provoziert haben, um dann im Rahmen der Notwehr handeln zu können.

Rechtfertigender Notstand § 34 StGB

Wer in einer gegenwärtigen, nicht anders abwendbaren Gefahr für Leben, Leib, Freiheit, Ehre, Eigentum oder ein anderes Rechtsgut eine Tat begeht, um die Gefahr von sich oder einem anderen abzuwenden, handelt nicht rechtswidrig, wenn bei Abwägung der widerstreitenden Interessen, namentlich der betroffenen Rechtsgüter und des Grades der ihnen drohenden Gefahren, das geschützte Interesse das beeinträchtigte wesentlich überwiegt. Dies gilt jedoch nur, soweit die Tat ein angemessenes Mittel ist, die Gefahr abzuwenden.

Der **rechtfertigende Notstand** ist ein weiterer wichtiger Rechtfertigungsgrund, der zur Anwendung kommt, wenn die beiden zivilrechtlichen Notstände, defensiver und aggressiver Notstand (siehe S. 23, 24), nicht greifen.

Um diesen Rechtfertigungsgrund in Anspruch nehmen zu können, muss die IK prüfen, ob eine **Notstandslage** vorliegt.

Eine Notstandslage besteht aus einer **gegenwärtigen Gefahr** für ein Rechtsgut, die nicht anderes abgewendet werden kann, als durch **Eingriff in ein anderes Rechtsgut**. Dabei ist eine **Abwägung** der betroffenen **Rechtsgüter** zwingend erforderlich.

Der rechtfertigende Notstand erfordert eine **gegenwärtige Gefahr**, nicht wie die Notwehr den Angriff eines Menschen. Diese Gefahr besteht immer dann, wenn ohne Abwehrmaßnahmen bei natürlicher Weiterentwicklung der Situation ein Schadenseintritt zu erwarten ist. Wichtig ist, dass die Gefahr nicht anders abwendbar ist und kein weniger einschneidendes Abwehrmittel zur Verfügung steht.

Im Rahmen der Notstandshandlung ist von der IK eine **Interessenabwägung** vorzunehmen, da ein Rechtsgutkonflikt besteht, der nur durch die Verletzung eines anderen nachstehenden Rechtsgutes gelöst werden kann. Weiterhin hat die IK zu beachten, dass die vorzunehmende Tathandlung das angemessene Mittel zur Abwendung der Gefahr ist. Bei dem Handelnden muss **Rettungswille** vorhanden sein. Wie bei der Notwehr kann er auch die Gefahr von einem anderen abwenden, er handelt dann in Nothilfe.

Vorläufige Festnahme § 127 StPO

(1) Wird jemand auf frischer Tat betroffen oder verfolgt, so ist, wenn er der Flucht verdächtig ist oder seine Identität nicht sofort festgestellt werden kann, jedermann befugt, ihn auch ohne richterliche Anordnung vorläufig festzunehmen. Die Feststellung der Identität einer Person durch die Staatsanwaltschaft oder die Beamten des Polizeidienstes bestimmt sich nach § 163b Abs. 1.

Mit der **vorläufigen Festnahme** durch jedermann will der Staat seinen Strafanspruch gewährleisten, der Festgenommene soll dem Strafverfahren zugeführt werden. Dies wäre in vielen Fällen allerdings nicht möglich, wenn dem Bürger kein Festnahmerecht zugestanden würde, also nur die Polizei oder sonstige Hoheitsträger Festnahmen vornehmen könnten.

Wichtig

Die **vorläufige Festnahme nach § 127 Abs. 1 StPO** ist ein weiteres Ausnahmerecht. Für die IK ist dieser Rechtfertigungsgrund enorm wichtig, da sie jederzeit im Rahmen der Alarmverfolgung mit verdächtigen Personen in Objekten rechnen muss, die beim Vorliegen der Festnahmevoraussetzungen vorläufig festgenommen werden können.

Das **Betreffen auf frischer Tat** setzt einen örtlichen und zeitlichen Zusammenhang voraus, in der Regel wird der Täter noch am Tatort angetroffen. Beispielsweise stellt die IK fest, wie eine ihr unbekannte Person mit Diebesgut in der Hand aus der Seitentür eines Schutzobjektes kommt oder frische Spuren im Schnee, die aus einer aufgebrochenen Tür kommen, führen zu einem naheliegenden Versteck, in dem sich der Täter mit Diebesgut verbirgt. In beiden Beispielen kann von einer vorliegenden Straftat ausgegangen werden, die eine vorläufige Festnahme rechtfertigen.

Weigert sich ein auf frischer Tat betroffener oder verfolgter Täter, seine **Identität** preiszugeben oder ist seine Identität aufgrund fehlender oder falscher Ausweispapiere nicht feststellbar, darf er festgenommen werden. Die tatverdächtige Person ist unverzüglich der Polizei zu überstellen oder wieder frei zu lassen, wenn ihre Identität feststeht und bei der vorliegenden Tat keine Fluchtgefahr besteht.

Wichtig

Sofern der Festnehmende den Täter kennt, ist dieser sofort freizulassen, da seine Personalien den Strafverfolgungsbehörden mitgeteilt werden können und er somit dem Strafverfahren zur Verfügung steht.

Die **Verhältnismäßigkeit** der Festnahme ist immer besonders zu prüfen, keinesfalls dürfen dem Festgenommen körperliche Schäden zugefügt werden, weil er sich der Festnahme durch die Flucht entziehen will. Greift der Festgenommene den Festnehmenden an, kann dieser von seinem Notwehrrecht Gebrauch machen.

Ausnahmerechte (Rechtfertigungsgründe) aus dem Bereich des **Bürgerlichen Rechts**:

- Selbsthilfe – § 229 BGB,
- Notwehr – § 227 BGB,
- Defensiver Notstand – § 228 BGB,
- Aggressiver Notstand – § 904 BGB,
- Selbsthilfe des Besitzers – §§ 855 und 860 BGB.

Selbsthilfe § 229 BGB

Wer zum Zwecke der Selbsthilfe eine Sache wegnimmt, zerstört oder beschädigt oder wer zum Zwecke der Selbsthilfe einen Verpflichteten, welcher der Flucht verdächtig ist, festnimmt oder den Widerstand des Verpflichteten gegen eine Handlung, die dieser zu dulden verpflichtet ist, beseitigt, handelt nicht widerrechtlich, wenn obrigkeitliche Hilfe nicht rechtzeitig zu erlangen ist und ohne sofortiges Eingreifen die Gefahr besteht, dass die Verwirklichung des Anspruchs vereitelt oder wesentlich erschwert werde.

Die Selbsthilfe ist an das Vorliegen einer **Selbsthilfelage** gebunden. Diese bedeutet, dass ein **gerichtlicher Anspruch** vorhanden sein muss, **obrigkeitliche Hilfe nicht rechtzeitig** zu erreichen ist und ohne ein sofortiges Tätigwerden der **Anspruch** gänzlich vereitelt oder die Durchsetzung **wesentlich erschwert** ist. Der **Selbsthilfe gem. § 229 BGB** kommt heute nicht mehr die große rechtliche Bedeutung zu wie bei Inkrafttreten des BGB, denn heute ist obrigkeitliche Hilfe in der Regel telefonisch sofort erreichbar.

Aufgrund der beschriebenen Selbsthilfelage kann von dem Betroffenen unter Beachtung der **Verhältnismäßigkeit** und **Erforderlichkeit** eine **Selbsthilfehandlung** vorgenommen werden. Die Selbsthilfehandlung kann in verschiedenen Formen begangen werden. Die Wegnahme, Beschädigung oder Zerstörung einer Sache ist erlaubt. Der sog. Verpflichtete kann festgenommen werden, falls er sich dem Schadensanspruch des Betroffenen durch die Flucht entziehen will und der Betroffene darf dies sogar mit Gewalt verhindern.

Vom Betroffenen wird dabei gefordert, dass er dabei mit **Selbsthilfewillen** handelt.

Einschränkungen erfährt die Selbsthilfe in den Bestimmungen des § 230 BGB. Dort werden die Grenzen der Selbsthilfe aufgezeigt.

Notwehr § 227 BGB

(1) Eine durch Notwehr gebotene Handlung ist nicht widerrechtlich.

(2) Notwehr ist diejenige Verteidigung, welche erforderlich ist, um einen gegenwärtigen rechtswidrigen Angriff von sich oder einem anderen abzuwenden.

Im Zivilrecht kommt dem Notwehrrecht die gleiche weitreichende Bedeutung wie auch im Strafrecht zu. Bei berechtigter Ausübung des Notwehrrechts gem. § 227 BGB begeht der in Notwehr Handelnde keine rechtswidrige Rechtsgutverletzung und ist daher dem Angreifer gegenüber **nicht** zum **Schadensersatz** verpflichtet. Im Strafrecht bleibt der in berechtigter Notwehr Handelnde gem. § 32 StGB **straffrei**. Einschränkungen erfährt das Notwehrrecht im Zivil- und Strafrecht lediglich in der gebotenen Notwehrhandlung bei Erforderlichkeit und Gebotenheit.

Defensiver Notstand § 228 BGB

Wer eine fremde Sache beschädigt oder zerstört, um eine durch sie drohende Gefahr von sich oder einem anderen abzuwenden, handelt nicht widerrechtlich, wenn die Beschädigung oder die Zerstörung zur Abwendung der Gefahr erforderlich ist oder der Schaden nicht außer Verhältnis zu der Gefahr steht. Hat der Handelnde die Gefahr verschuldet, so ist er zum Schadensersatz verpflichtet.

Der defensive Notstand ist ein sog. zivilrechtlicher Notstand, der eine Handlung gegen fremdes Eigentum erlaubt, um ein höherwertiges Rechtsgut zu schützen. Die **Notstandslage** setzt voraus, dass **von einer fremden Sache** eine **drohende Gefahr** ausgeht und im Rahmen der Notstandshandlung **auf *diese* Sache eingewirkt** wird.

Wie beim rechtfertigenden Notstand des StGB muss auch hier die **Erforderlichkeit** und **Verhältnismäßigkeit** beachtet werden.

Klassisches Schulbeispiel für den defensiven Notstand ist der angreifende gefährliche Hund, der von dem Angegriffenen mit einem Regenschirm abgewehrt wird. Auch hier muss das subjektive Rechtfertigungselement des Abwehrwillens vorhanden sein und der Angriff darf nicht provoziert sein.

Aggressiver Notstand § 904 BGB

Der Eigentümer einer Sache ist nicht berechtigt, die Einwirkung eines anderen auf die Sache zu verbieten, wenn die Einwirkung zur Abwendung einer gegenwärtigen Gefahr notwendig und der drohende Schaden gegenüber dem aus der Einwirkung dem Eigentümer entstehenden Schaden unverhältnismäßig groß ist. Der Eigentümer kann Ersatz des ihm entstehenden Schadens verlangen.

Wie der defensive Notstand ist der aggressive Notstand ein Rechtfertigungsgrund aus dem Bürgerlichen Recht. Beim aggressiven Notstand wendet der Handelnde eine **Gefahr**, die **von einer Sache** ausgeht ab, indem er eine ***andere*** fremde **Sache** zur **Abwendung der Gefahr** in Anspruch nimmt.

Das klassische Schulbeispiel ist auch hier wieder ein angreifender großer Hund, der mittels einer Zaunlatte aus einem fremden Jägerzaun abgewehrt wird, weil sonst keine weiteren Abwehrmittel zur Verfügung stehen.

Zu beachten ist das Vorliegen einer Notstandslage mit einer gegenwärtigen Gefahr und eine Notstandshandlung, die **erforderlich** und **verhältnismäßig** ist. Dabei ist zu beachten, dass eine Einwirkung auf eine fremde Sache erfolgt, um die Gefahr von sich oder einem anderen abzuwenden. Als subjektives Rechtfertigungselement ist hier auch der **Abwehrwille** erforderlich.

Besitzdiener § 855 BGB

Übt jemand die tatsächliche Gewalt über eine Sache für einen anderen in dessen Haushalt oder Erwerbsgeschäft oder in einem ähnlichen Verhältnis aus, vermöge dessen er den sich auf die Sache beziehenden Weisungen des anderen Folge zu leisten hat, so ist nur der andere Besitzer.

Die Voraussetzung für eine Besitzdienerschaft ist die **Unterordnung** des Besitzdieners unter die Weisungsgewalt des Besitzers. Er steht somit in einem **Abhängigkeitsverhältnis** zum Besitzer. Ein Wille zum Besitz der Sache für sich selbst ist nicht vorhanden. Der Besitzdiener ist daher niemals der Besitzer!

Wichtig

Für den Interventionsdienst ist es daher wichtig zu wissen, dass rechtlich eine Besitzdienerschaft hinsichtlich des Sicherungsobjekts besteht.

Diese Besitzdienerschaft wird in der Regel mit einem **Dienstvertrag** (§ 611 BGB) begründet, der eine Aufschaltung des Sicherungsobjekts auf eine Notrufleitstelle und die im Alarmfall erfolgende Intervention beinhaltet. Der Interventionsdienst verfügt im Alarmfall aufgrund der Besitzdienerschaft über die **gleichen Rechte wie der Besitzer selbst** und kann somit von den Rechten der Besitzwehr und Besitzkehr Gebrauch machen, die in §§ 858, 859 und 860 BGB gesondert festgeschrieben sind.

Verbotene Eigenmacht § 858 BGB

(1) Wer dem Besitzer ohne dessen Willen den Besitz entzieht oder ihn im Besitz stört, handelt, sofern nicht das Gesetz die Entziehung oder die Störung gestattet, widerrechtlich (verbotene Eigenmacht).

(2) Der durch verbotene Eigenmacht erlangte Besitz ist fehlerhaft. Die Fehlerhaftigkeit muss der Nachfolger im Besitz gegen sich gelten lassen, wenn er Erbe des Besitzers ist oder die Fehlerhaftigkeit des Besitzes seines Vorgängers bei dem Erwerb kennt.

Besitzentziehung ist die zivilrechtliche Beschreibung für einen Diebstahl, da eine fremde bewegliche Sache dem Besitzer entzogen wird. Von **Besitzstörung** spricht man, wenn der Besitzer in der Ausübung seines Besitzes gestört wird, wenn beispielsweise Jugendliche sein Wochenendgrundstück für eine Party nutzen oder seine Garage zugeparkt ist.

Hinweis

Viele Formulierungen des BGB klingen antiquiert und würden heute in einem Gesetzgebungsverfahren auch nicht mehr benutzt. Dies ändert jedoch nichts an Gültigkeit der Rechtsnorm des über 100 Jahre alten Gesetzes. Für die IK sind die Begriffe des **Besitzentzugs** und der **Besitzstörung** von Bedeutung, da im Alarmfall genau diese beiden Bereiche tangiert sind und sie mit der Intervention dort tätig wird.

Die IK muss diese beiden Begriffe und deren Inhalte sicher beherrschen und auch gegenüber anderen Personen beschreiben können, da sie die rechtliche Grundlage für das eigene Handeln darstellen. Das Wissen gibt dem Interventionsdienst Rechtssicherheit und zeigt Professionalität gegenüber Kunden oder anderen Einsatzkräften.

Selbsthilfe des Besitzers § 859 BGB

(1) Der Besitzer darf sich verbotener Eigenmacht mit Gewalt erwehren.

(2) Wird eine bewegliche Sache dem Besitzer mittels verbotener Eigenmacht weggenommen, so darf er sie dem auf frischer Tat betroffenen oder verfolgten Täter mit Gewalt wieder abnehmen.

(3) Wird dem Besitzer eines Grundstücks der Besitz durch verbotene Eigenmacht entzogen, so darf er sofort nach der Entziehung sich des Besitzes durch Entsetzung des Täters wieder bemächtigen.

(4) Die gleichen Rechte stehen dem Besitzer gegen denjenigen zu, welcher nach § 858 Abs. 2 die Fehlerhaftigkeit des Besitzes gegen sich gelten lassen muss.

Die **Selbsthilfe** des Besitzers ist ein wichtiger Rechtfertigungsgrund aus dem Bürgerlichen Recht. Die Selbsthilfehandlung des Besitzers ist aber an einen **engen zeitlichen Zusammenhang** gebunden, wenn er von seinem Recht der Besitzwehr, der Besitzkehr oder dem Entsetzen seines Grundstücks Gebrauch macht. Er darf nur in einem engen zeitlichen Rahmen handeln, da er aufgrund seiner rechtlich zulässigen Handlung das Gewaltmonopol des Staates durchbricht. Sollte die zeitlich enge Komponente nicht mehr gegeben sein, muss er obrigkeitliche Hilfe in Anspruch nehmen.

Die **Besitzwehr** ist ein Abwehrrecht des Besitzers oder des Besitzdieners gegen einen Besitzentzug oder eine Besitzstörung. **Besitzkehr** ist gegeben, wenn einem auf frischer Tat betroffenen Täter die beweglichen Sachen wieder abgenommen werden. Dies ist im Rahmen der **Verhältnismäßigkeit** auch mit Gewalt möglich.

Selbsthilfe des Besitzdieners § 860 BGB

Zur Ausübung der dem Besitzer nach § 859 zustehenden Rechte ist auch derjenige befugt, welcher die tatsächliche Gewalt nach § 855 für den Besitzer ausübt.

Die dem Besitzer zustehenden Rechte können in vollem Umfang **auch** von einem **Besitzdiener** ausgeübt werden. Ohne diese zivilrechtliche Regelung wäre eine Ausübung der Besitzdienerschaft im Interesse des Besitzers nicht möglich!

Unerlaubte Handlung § 823 BGB

(1) Wer vorsätzlich oder fahrlässig das Leben, den Körper, die Gesundheit, die Freiheit, das Eigentum oder ein sonstiges Recht eines anderen widerrechtlich verletzt, ist dem anderen zum Ersatz des daraus entstehenden Schadens verpflichtet.

Als **unerlaubte Handlung** bezeichnet man die Schadensersatzpflicht, die sich aus § 823 BGB ergibt. Diese Norm gewährt Ersatz von Schäden bei **schuldhafter** und **rechtswidriger** Verletzung von Leben, Körper, Gesundheit, Freiheit, Eigentum oder einem sonstigen

Recht. Dem Geschädigten steht ein Schadensersatzanspruch zu. Der Umfang dieses Anspruchs richtet sich nach den allgemeinen schadensrechtlichen Vorschriften des BGB.

Diese zivilrechtliche Bestimmung kann für den **Interventionsdienst** dann von Bedeutung sein, wenn es im Rahmen des Einschreitens zum Beispiel zur Beschädigung fremden Eigentums gekommen ist (Interventionskraft stolpert und teure Vase fällt zu Boden).

Fundsachen § 965 BGB

(1) Wer eine verlorene Sache findet und an sich nimmt, hat dem Verlierer oder dem Eigentümer oder einem sonstigen Empfangsberechtigten unverzüglich Anzeige zu machen.

(2) Kennt der Finder die Empfangsberechtigten nicht oder ist ihm ihr Aufenthalt unbekannt, so hat er den Fund und die Umstände, welche für die Ermittlung der Empfangsberechtigten erheblich sein können, unverzüglich der zuständigen Behörde anzuzeigen. Ist die Sache nicht mehr als zehn Euro wert, so bedarf es der Anzeige nicht.

Im Rahmen des Interventionsdienstes können die IK auch mit **Fundsachen** konfrontiert werden. Daher ist ein Hinweis auf die rechtliche Behandlung von Fundsachen wichtig, um Rechtssicherheit zu gewährleisten.

Nach deutschem Recht ist der Finder einer Sache verpflichtet, den Fund gegenüber dem Empfangsberechtigten anzuzeigen. Da er diesen in der Regel nicht kennt, hat er die Fundsache (Wert über 10,– EUR) bei der zuständigen Behörde, in der Regel Gemeinde- oder Stadtverwaltung/Polizei, **abzugeben**. Ihm steht dann der gesetzlich geregelte Finderlohn zu.

2.4 Grundzüge des Straf- und Verfahrensrechts

Die Interventionskraft muss die wichtigsten Begriffe und Straftatbestände aus dem Strafgesetzbuch kennen und rechtlich sicher einordnen können.

Keine Strafe ohne Gesetz § 1 StGB

Eine Tat kann nur bestraft werden, wenn die Strafbarkeit gesetzlich bestimmt war, bevor die Tat begangen wurde.

Mit der vorstehenden Normierung bezeichnet man das **Gesetzlichkeitsprinzip** im Strafrecht. Mit diesem ist die Garantiefunktion des Strafrechts in einem Rechtsstaat eng verbunden. Es wird damit gewährleistet, dass nur ein formelles Gesetz zur Strafbarkeit des Bürgers führen kann. Somit kann kein Gewohnheitsrecht zur Anwendung kommen. Weiterhin bedeutet diese Normierung ein **Rückwirkungsverbot**, ein **Bestimmtheitsgebot** und ein **Analogieverbot**.

Der Bürger kann sich aufgrund dieser Norm orientieren, welches Verhalten die Gesellschaft von ihm fordert und welche Strafe ihm bei einem Fehlverhalten droht. Im deutschen Strafrecht gibt es eine Vielzahl strafrechtlicher Normen, die der Gesetzgeber aufgrund neuer technischer oder gesellschaftlicher Entwicklungen ins Strafrecht aufnehmen musste, um Gesetzeslücken zu schließen und dem Bestimmtheitsgebot gerecht zu werden (z. B. § 263 a StGB Computerbetrug).

Verbrechen und Vergehen § 12 StGB

(1) Verbrechen sind rechtswidrige Taten, die im Mindestmaß mit Freiheitsstrafe von einem Jahr oder darüber bedroht sind.

(2) Vergehen sind rechtswidrige Taten, die im Mindestmaß mit einer geringeren Freiheitsstrafe oder die mit Geldstrafe bedroht sind.

(3) Schärfungen oder Milderungen, die nach den Vorschriften des Allgemeinen Teils oder für besonders schwere oder minder schwere Fälle vorgesehen sind, bleiben für die Einteilung außer Betracht.

Ein **Verbrechen** ist ein schwerwiegender Verstoß gegen die Rechtsordnung und das menschliche Zusammenleben und wird vom Gesetzgeber als krimineller Akt eingestuft. Besonders schwere Verbrechen bezeichnet man als Kapitalverbrechen.

Vergehen sind minderschwere Taten, die der Gesetzgeber aufgrund der Mindestfreiheitsstrafe von Verbrechen abgrenzen will. So ist beispielsweise bei Vergehen der Versuch nur dann strafbar, wenn dies im Gesetz steht, bei Verbrechen aber immer (siehe S. 34).

Begehen durch Unterlassen § 13 StGB

(1) Wer es unterlässt, einen Erfolg abzuwenden, der zum Tatbestand eines Strafgesetzes gehört, ist nach diesem Gesetz nur dann strafbar, wenn er rechtlich dafür einzustehen hat, dass der Erfolg nicht eintritt, und wenn das Unterlassen der Verwirklichung des gesetzlichen Tatbestandes durch ein Tun entspricht.

(2) Die Strafe kann nach § 49 Abs. 1 gemildert werden.

Grundsätzlich wird im Strafrecht nach **Begehungs- und Unterlassungsdelikt** unterschieden. Überwiegend werden die Verstöße gegen strafrechtliche Bestimmungen durch **aktives Handeln** begangen. Das Strafrecht kennt aber auch Fälle, in denen ein **Nichtstun** unter bestimmten Voraussetzungen **strafbar** ist:

- Im Besonderen Teil des Strafgesetzbuchs sind die sog. **echten Unterlassungsdelikte** aufgeführt, die tatbestandsmäßig die Unterlassung beschreiben (z. B. unterlassene Hilfeleistung nach § 323 c StGB).
- Alle sogenannten **unechten Unterlassungsdelikte** ergeben sich aus der Bestimmung des § 13 StGB, da hier die **Garantenpflicht** aufgrund persönlicher Voraussetzungen normiert wird. Ein Garant hat dafür einzustehen, dass ein strafrechtlich relevanter Erfolg nicht eintritt. Diese Garantenpflicht kann sich aus verschiedenen Voraussetzungen ergeben. Für den **Interventionsdienst** kann sich eine Garantenpflicht durch die sog. gesetzliche Pflichtenübernahme ergeben, die sich beispielsweise aus einem **Dienstvertrag** nach § 611 BGB herleitet.

Vorsätzliches und fahrlässiges Handeln § 15 StGB

Strafbar ist nur vorsätzliches Handeln, wenn nicht das Gesetz fahrlässiges Handeln ausdrücklich mit Strafe bedroht.

Der **Vorsatz** des Täters ist wesentliches Element des sogenannten **subjektiven Tatbestands**, der sich in der Gedankenwelt des Täters abspielt und auf die Verwirklichung der Tatbestandsmerkmale und den Taterfolg abzielt. Die Rechtsprechung beschreibt den Vorsatz als **Wissen** und **Wollen** der Tatbestandsverwirklichung eines Straftatbestandes:

- **Wollen**: Der Täter will also ganz bewusst eine Straftat verwirklichen und will, dass der tatrelevante Erfolg eintritt.
- **Wissen**: Unerheblich bleibt dabei, ob der Täter alle Tatbestandsmerkmale genau kennt. Hat er eine grobe Vorstellung über seine Tatbestandsverwirklichung und den zu erwartenden Erfolg, dann genügt dies für die **Vorsatzstraftat**. Strafrechtler sprechen dann von dem sogenannten **Eventualvorsatz** oder bedingtem Vorsatz.

Bei der **Fahrlässigkeit** wird der Handlungserfolg nicht wie bei einer Vorsatztat bewusst, also willensmäßig, herbeigeführt, sondern vom Täter wird die gebotene **Sorgfaltspflicht** außer Acht gelassen. Dem Täter wird unterstellt, dass er die fahrlässige Tatbestandsverwirklichung hätte vermeiden können, wenn er sich mit der gebotenen Sorgfalt verhalten hätte (z.B. Verkehrsunfall aufgrund schneller Fahrweise bei starkem Regen).

Hinweis

Die strafrechtlich relevante Abgrenzung zwischen bedingtem Vorsatz und grober Fahrlässigkeit ist schwierig und kann zu unterschiedlichen Bewertungen führen. Bei einem bedingten Vorsatz nimmt der Handelnde den strafrechtlichen Erfolg billigend in Kauf, während er bei der bewussten Fahrlässigkeit darauf vertraut, dass der Erfolg nicht eintritt.

Schuldunfähigkeit des Kindes § 19 StGB

Schuldunfähig ist, wer bei Begehung der Tat noch nicht vierzehn Jahre alt ist.

Diese Bestimmung ist ein **absoluter Schuldausschließungsgrund** und trifft auf Kinder im Rechtssinne zu. Schuldunfähig ist, wer bei Begehung der Tat noch nicht 14 Jahre alt ist. Die Strafunmündigkeit des Kindes geht schon auf römisches und germanisches Recht zurück.

Schuldunfähigkeit wegen seelischer Störungen § 20 StGB

Ohne Schuld handelt, wer bei Begehung der Tat wegen einer krankhaften seelischen Störung, wegen einer tiefgreifenden Bewusstseinsstörung oder wegen Schwachsinns oder einer schweren anderen seelischen Abartigkeit unfähig ist, das Unrecht der Tat einzusehen oder nach dieser Einsicht zu handeln.

Grundsätzlich ist davon auszugehen, dass alle Erwachsenen schuldfähig sind. Das deutsche Strafrecht beruht auf dem **Schuld- und Verantwortungsprinzip**. Daher kommt eine Bestrafung schuldunfähiger Personen nicht in Betracht. Im Strafverfahren muss die mögliche Schuldunfähigkeit eines Angeklagten durch ein Gutachten festgestellt werden.

Wird in dem psychiatrischen Gutachten festgestellt, dass dem Täter bei Begehung der Tat wegen einer krankhaften seelischen Störung, einer tiefgreifenden Bewusstseinsstörung, wegen Schwachsinns oder einer anderen schweren seelischen Abartigkeit ein Unrechtsbewusstsein fehlte, erfolgt keine Verurteilung. Gleichwohl kann vom Gericht eine Maßregel der Besserung und Sicherung (§§ 61 ff. StGB) angeordnet werden (z. B. die Unterbringung in einem psychiatrischen Krankenhaus).

Schuldunfähigkeit wird in der Regel bei Psychosen, bei Verwirrtheit, bei einer bestimmten Blutalkoholkonzentration, bei Intelligenzminderung, bei Demenz und bei verschiedenen Persönlichkeitsstörungen angenommen.

Bei **verminderter Schuldunfähigkeit** nach § 21 StGB kann die Strafe nach § 49 Abs. 1 gemildert werden.

Versuch – Begriffsbestimmung § 22 StGB

Eine Straftat versucht, wer nach seiner Vorstellung von der Tat zur Verwirklichung des gesetzlichen Tatbestands unmittelbar ansetzt.

Für die Strafbarkeit eines Versuchs wird dem Täter unterstellt, dass er mit einem rechtsfeindlichen Willen handelt, wenn er eine Straftat begehen will, die zu einer **Verletzung des Rechtsfriedens** führt, eine Gefahr für das Opfer besteht und somit insgesamt das Vertrauen in die Rechtsordnung gestört sein kann.

Zunächst ist zu klären, **wann ein Versuch vorliegt**. Dazu müssen mehrere Merkmale erfüllt sein:

- Bei einer Vorsatzstraftat muss der Täter zunächst die Entscheidung fassen, eine konkrete Straftat zu begehen. Diese Entscheidung nennt man **Tatentschluss**.
- Danach muss das „**unmittelbare Ansetzen**" zur Verwirklichung der Straftat erfolgen. Hierzu gibt es in der Rechtswissenschaft verschiedene Theorien. Davon unbeachtlich lässt sich davon ausgehen, dass ein unmittelbares Ansetzen immer dann vorliegt, **wenn** der Täter **mit der im Tatbestand normierten Handlung** bereits **begonnen** hat (z. B. Täuschungshandlung beim Betrug), die Straftat aber nicht vollendet wird. Dagegen bleiben reine Vorbereitungshandlungen in der Planungsphase einer Straftat in der Regel straffrei (beispielsweise der Kauf von Einbruchswerkzeug für den geplanten Einbruch).

Ein fahrlässiger Versuch ist nicht möglich, da der subjektive Tatentschluss fehlt.

Strafbarkeit des Versuchs § 23 StGB

(1) Der Versuch eines Verbrechens ist stets strafbar, der Versuch eines Vergehens nur dann, wenn das Gesetz es ausdrücklich bestimmt.

(2) Der Versuch kann milder bestraft werden als die vollendete Tat (§ 49 Abs. 1).

(3) Hat der Täter aus grobem Unverstand verkannt, dass der Versuch nach der Art des Gegenstandes, an dem, oder des Mittels, mit dem die Tat begangen werden sollte, überhaupt nicht zur Vollendung führen konnte, so kann das Gericht von Strafe absehen oder die Strafe nach seinem Ermessen mildern (§ 49 Abs. 2).

Ob der **Versuch** einer Tat auch **strafbar** ist, ergibt sich aus § 23 StGB. Dies hängt davon ab, ob es sich bei der Tat, zu der angesetzt wird um ein **Verbrechen** oder um ein **Vergehen** handelt:

- Wird zu einem **Verbrechen** angesetzt, ist dies stets strafbar. Ein Verbrechen ist eine Tat, die nicht unter einem Jahr Freiheitsstrafe bestraft wird (§ 12 Abs. 1 StGB).
- Wird zu einem **Vergehen** angesetzt, ist dies nur dann strafbar, wenn es das Gesetz es ausdrücklich bestimmt. Vergehen sind Taten, die im Mindestmaß mit einer geringeren Freiheitsstrafe oder die mit Geldstrafe bedroht sind (§ 12 Abs. 2 StGB).

Weiterhin sieht das Gesetz für den sogenannten untauglichen Versuch keine Strafbarkeit oder eine Strafmilderung vor.

Rücktritt § 24 StGB

(1) Wegen Versuchs wird nicht bestraft, wer freiwillig die weitere Ausführung der Tat aufgibt oder deren Vollendung verhindert. Wird die Tat ohne Zutun des Zurücktretenden nicht vollendet, so wird er straflos, wenn er sich freiwillig und ernsthaft bemüht, die Vollendung zu verhindern.

(2) Sind an der Tat mehrere beteiligt, so wird wegen Versuchs nicht bestraft, wer freiwillig die Vollendung verhindert. Jedoch genügt zu seiner Straflosigkeit sein freiwilliges und ernsthaftes Bemühen, die Vollendung der Tat zu verhindern, wenn sie ohne sein Zutun nicht vollendet oder unabhängig von seinem früheren Tatbeitrag begangen wird.

Der Rücktritt ist ein **persönlicher Strafaufhebungsgrund**. Durch seinen Rücktritt befreit sich der Täter von seiner Strafbarkeit. An den strafbefreienden Rücktritt sind jedoch einige Bedingungen geknüpft. Zuallererst darf die **Tat** noch **nicht vollendet** sein. Sodann muss der Täter **freiwillig** die weitere **Tatausführung aufgeben** (d. h. die Ursache für den Rücktritt muss von ihm selbst ausgehen) oder er muss die **Vollendung** der Straftat **verhindern**. Zu unterscheiden ist dabei, ob der Versuch beendet oder unbeendet ist. Dabei ist die subjektive Einstellung des Täters wichtig. Beispielsweise ist ein beendeter Versuch gegeben, wenn der Täter nach seiner Vorstellung alles getan hat, um die Straftat zu verwirklichen.

Täterschaft § 25 StGB

(1) Als Täter wird bestraft, wer die Straftat selbst oder durch einen anderen begeht.

(2) Begehen mehrere die Straftat gemeinschaftlich, so wird jeder als Täter bestraft (Mittäter).

Bei der Täterschaft wird zwischen unmittelbarem Täter und mittelbarem Täter unterschieden:

- Der **unmittelbare Täter** begeht die Straftat **selbst** mit eigenem Willen. Er hat die **Tatherrschaft** inne.
- Im Rahmen der **mittelbaren Täterschaft** bedient sich der Täter eines anderen Menschen als „Werkzeug". Der so Handelnde ist in der Regel unwissend oder schuldlos. Beispiele: Eine andere Person wird gebeten, einen angeblich dem Täter gehörenden Gegenstand an sich zu nehmen und ihm auszuhändigen. Ein Kind wird von seinem Vater zu einem Diebstahl gezwungen.

Bei der **Mittäterschaft** wird die Tat **gemeinschaftlich** begangen. Die Täter haben den gleichen Willen der Tatverwirklichung; dabei müssen nicht alle Mittäter den objektiven Tatbestand erfüllen.

Anstiftung § 26 StGB

Als Anstifter wird gleich einem Täter bestraft, wer vorsätzlich einen anderen zu dessen vorsätzlich begangener rechtswidriger Tat bestimmt hat.

Personen, die keine Täter sind, können sich als **Anstifter** (§ 26 StGB) strafbar machen. Die Anstiftungshandlung besteht im **Bestimmen** eines anderen zu einer Straftat. Bei dem Angestifteten muss der **Entschluss** hervorgerufen werden, eine Straftat zu begehen, die er ohne den Anstifter nicht begangen hätte. Wichtig ist, dass der Anstifter die Tat selbst nicht ausführen und auch nicht den Willen zur sogenannten Tatherrschaft haben will. Hat dagegen jemand schon den Tatentschluss zur Begehung einer Straftat gefasst, dann kann er nicht mehr dazu angestiftet werden.

Eine versuchte Anstiftung ist bei Verbrechen strafbar, bei Vergehen straflos (§ 30 Abs. 1 StGB).

Beihilfe § 27 StGB

(1) Als Gehilfe wird bestraft, wer vorsätzlich einen anderen zu dessen vorsätzlich begangener rechtswidriger Tat Hilfe geleistet hat.

(2) Die Strafe für den Gehilfen richtet sich nach der Strafdrohung für den Täter. Sie ist nach § 49 Abs. 1 zu mildern.

Personen, die keine Täter sind, können sich des Weiteren als **Gehilfen** (§ 27 StGB) strafbar machen. Die sogenannte **Beihilfehandlung** muss geeignet sein, die Haupttat zu unterstützen oder zu fördern. Es muss immer eine **rechtswidrige Haupttat** vorliegen, zu der der Gehilfe **psychische** oder **physische Hilfestellung** gibt. Der Gehilfe will die Tat nicht als seine eigene und hat auch keinen Willen zur Tatherrschaft; er will jedoch, dass die Tat vollendet wird und leistet dazu seinen Tatbeitrag im Rahmen seiner Möglichkeiten. Für die Rechtsprechung ist ausreichend, dass die Haupttat durch die Beihilfehandlung **gefördert** wurde.

Die Bestrafung des Gehilfen muss auf jeden Fall geringer sein als die des Haupttäters (§ 27 Abs. 2 StGB).

Versuchte Beihilfe ist nicht strafbar.

2.5 Ausgewählte Straftatbestände

Hausfriedensbruch § 123 StGB

(1) Wer in die Wohnung, in die Geschäftsräume oder in das befriedete Besitztum eines anderen oder in abgeschlossene Räume, welche zu öffentlichen Dienst oder Verkehr bestimmt sind, widerrechtlich eindringt, oder wer, wenn er ohne Befugnis darin verweilt, auf die Aufforderung des Berechtigten sich nicht entfernt, wird mit Freiheitsstrafe bis zu einem Jahr oder mit Geldstrafe bestraft.

(2) Die Tat wird nur auf Antrag verfolgt.

Mit dieser Bestimmung wird das **Hausrecht** des Einzelnen geschützt. Dem Hausrechtsinhaber soll mit dieser strafgesetzlichen Normierung eine ungestörte Besitzausübung gewährleistet werden. Verfassungsrechtlichen Schutz erfährt das Hausrecht durch Art. 13 GG **(Unverletzlichkeit der Wohnung)**. Das BVerfG hat die Unverletzlichkeit der Wohnung in mehreren Grundsatzentscheidungen als ein sehr hochrangiges Recht eingestuft.

Hinweis

Für den **Interventionsdienst** ist von Bedeutung, dass das Hausrecht vom Hausrechtsinhaber auf andere Personen **übertragen** werden kann. Im Rahmen einer Intervention ist von einer Übertragung des Hausrechts des Besitzers auf den Sicherheitsmitarbeiter auszugehen, da eine vertragliche Vereinbarung besteht und der Sicherheitsmitarbeiter Besitzdiener nach den Bestimmungen der §§ 855, 860 BGB ist.

Vom Sicherheitsmitarbeiter können somit unberechtigte Personen vom betreuten Grundstück, dem befriedeten Besitztum oder aus den Geschäftsräumen verwiesen werden.

Die Tathandlung des Hausfriedensbruchs sieht zwei Alternativen vor. Die **erste Alternative** ist das unberechtigte Eindringen in die genannten Räumlichkeiten, die **zweite Alternative** beinhaltet das

Verweilen in diesen Räumlichkeiten ohne Befugnis und das sich nicht Entfernen trotz Aufforderung des Berechtigten.

Ein Hausrecht kann **nicht bei beweglichen Sachen**, z.B. normaler Pkw, angenommen werden, da der Bestimmungszweck anders ist und nicht dem dauernden Aufenthalt von Personen dient (anders Wohnwagen, Wohnmobil oder Hausboot).

Vom Inhaber des Hausrechts kann ein **Hausverbot** ausgesprochen werden. Dies ist insbesondere für Geschäftsinhaber von Bedeutung, die Ladendieben den Zutritt verwehren wollen. Der Sicherheitsmitarbeiter und der Interventionsdienst können dieses Hausrecht im Rahmen ihrer Besitzdienerschaft durchsetzen.

Hausfriedensbruch ist ein sogenanntes **Privatklagedelikt** und wird nur bei Stellung eines Strafantrags verfolgt.

Amtsanmaßung § 132 StGB

Wer unbefugt sich mit der Ausübung eines öffentlichen Amtes befasst oder eine Handlung vornimmt, welche nur kraft eines öffentlichen Amtes vorgenommen werden darf, wird mit Freiheitsstrafe bis zu zwei Jahren oder mit Geldstrafe bestraft.

Amtsanmaßung ist eine **Straftat gegen die öffentliche Ordnung**. Mit dieser Bestimmung soll die Autorität der staatlichen Gewalt geschützt werden. Sie beinhaltet ausschließlich Handlungen, die nur von Amtspersonen vorgenommen werden dürfen.

Als öffentliches Amt bezeichnet man eine Tätigkeit als sogenannter **Amtsträger** für die öffentliche Gewalt. Die Funktionsträgerschaft muss nach außen hin erkennbar sein.

Der Tatbestand besteht aus zwei Alternativen. In **Alternative 1** befasst sich der Täter mit der Ausübung eines öffentlichen Amtes, in der **Alternative 2** nimmt der Täter eine Handlung vor, die nur kraft eines öffentlichen Amtes vorgenommen werden dürfte. Dabei ist die Alternative 1 eigentlich eine Spezialisierung/Unterfall der Alternative 2 (Beispiel: Verkehrsregelung von einer Privatperson im öffentlichen Straßenverkehr).

Hinweis

Der Straftatbestand bereitet in der Praxis kaum Probleme, da die Abgrenzung hinsichtlich der Funktion als Amtsträger unproblematisch nachvollzogen werden kann. In der überwiegenden Begehungsweise wird eine Tätigkeit als Polizei- oder Kriminalbeamter vorgetäuscht.

Nichtanzeige geplanter Straftaten § 138 StGB

(1) Wer von dem Vorhaben oder der Ausführung

1. *einer Vorbereitung eines Angriffskrieges (§ 80)*
2. *eines Hochverrats in den Fällen der §§ 81 bis 83 Abs. 1,*
3. *eines Landesverrats oder einer Gefährdung der äußeren Sicherheit in den Fällen der §§ 94 bis 96, 97a oder 100,*
4. *einer Geld- oder Wertpapierfälschung in den Fällen der §§ 146, 151, 152 oder einer Fälschung von Zahlungskarten mit Garantiefunktion und Vordrucken für Euroschecks in den Fällen des § 152b Abs. 1 bis 3,*
5. *eines Mordes (§ 211) oder Totschlags (§ 212) oder eines Völkermordes (§ 6 des Völkerstrafgesetzbuches) oder eines Verbrechens gegen die Menschlichkeit (§ 7 des Völkerstrafgesetzbuches) oder eines Kriegsverbrechens (§§ 8, 9, 10, 11 oder 12 des Völkerstrafgesetzbuches),*
6. *einer Straftat gegen die persönliche Freiheit in den Fällen des § 232 Abs. 3, 4 oder Abs. 5, des § 233 Abs. 3, jeweils soweit es sich um Verbrechen handelt, der §§ 234, 234a, 239a oder 239b,*
7. *eines Raubes oder einer räuberischen Erpressung (§§ 249 bis 251 oder 255) oder*
8. *einer gemeingefährlichen Straftat in den Fällen der §§ 306 bis 306c oder 307 Abs. 1 bis 3, des § 308 Abs. 1 bis 4, des § 309 Abs. 1 bis 5, der §§ 310, 313, 314 oder 315 Abs. 3, des § 315b Abs. 3 oder der §§ 316a oder 316c*

zu einer Zeit, zu der die Ausführung oder der Erfolg noch abgewendet werden kann, glaubhaft erfährt und es unterlässt, der Behörde oder dem Bedrohten rechtzeitig Anzeige zu machen, wird mit Freiheitsstrafe bis zu fünf Jahren oder mit Geldstrafe bestraft.

(2) Ebenso wird bestraft, wer

1. *von der Ausführung einer Straftat nach § 89 a oder*
2. *von dem Vorhaben oder der Ausführung einer Straftat nach § 129 a, auch in Verbindung mit § 129 b Abs. 1 Satz 1 und 2, zu einer Zeit, zu der die Ausführung noch abgewendet werden kann, glaubhaft erfährt und es unterlässt, der Behörde unverzüglich Anzeige zu erstatten. § 129 b Abs. 1 Satz 3 bis 5 gilt im Fall der Nummer 2 entsprechend.*

(3) Wer die Anzeige leichtfertig unterlässt, obwohl er von dem Vorhaben oder der Ausführung der rechtswidrigen Tat glaubhaft erfahren hat, wird mit Freiheitsstrafe bis zu einem Jahr oder mit Geldstrafe bestraft.

Tatbestandmerkmale dieses **echten Unterlassungsdelikts** sind die glaubhafte Kenntniserlangung von geplanten schwerwiegenden Straftaten (Katalogstraftaten) **und** das Unterlassen der Information an den Bedrohten oder die Behörden.

Für den Sicherheits- und Interventionsdienst kann dieser Straftatbestand beim Eingehen von **Bombendrohungen** von Bedeutung sein. Bei einer Bombendrohung hat auf jeden Fall eine Meldung an den Bedrohten zu erfolgen. Beim Empfangsdienst und in vielen Telefonzentralen liegen Vordrucke „Eingang einer Bombendrohung“ bereit, um eine professionelle Bearbeitung eines Drohanrufes zu gewährleisten.

Beleidigung § 185 StGB

Die Beleidigung wird mit Freiheitsstrafe bis zu einem Jahr oder mit Geldstrafe und, wenn die Beleidigung mittels einer Tätlichkeit begangen wird, mit Freiheitsstrafe bis zu zwei Jahren oder mit Geldstrafe bestraft.

Schutzgut der Vorschrift ist die **persönliche Ehre**. Tatbestand ist die Kundgabe der **Nichtachtung** oder **Missachtung** lebender Personen, aber auch Personengemeinschaften. Die Beleidigung ist in mehreren Begehungsformen möglich. Sie kann **verbal**, **schriftlich** und **bildlich**, aber auch durch eindeutige **Gesten** (z. B. Stinkefinger, Vogel zeigen) erfolgen.

Beachtlich ist, dass jede Äußerung, die geeignet ist, die Ehre eines Menschen zu verletzen, als Beleidigung gewertet werden kann. Entscheidend für die Beleidigung ist der Vorsatz hinsichtlich einer Beleidigung und unter welchen Umständen die Beleidigung ausgesprochen wurde. So kann eine Aussage, die allgemein ausgesprochen keine Beleidigung darstellen würde, in einer ganz bestimmten Situation sehr wohl eine Beleidigung darstellen, zumal sie von dem Betroffen auch als Beleidigung empfunden wird.

Die Beleidigung kann sowohl gegenüber dem Betroffenen selbst ausgesprochen werden, aber auch gegenüber anderen Personen. Subjektiv muss dem Täter bewusst sein, dass seine Äußerung eine Missachtung oder Nichtachtung gegenüber dem Beleidigten darstellt.

Die Beleidigung wird nur auf **Strafantrag** des Beleidigten verfolgt (§ 194 StGB).

Sachbeschädigung § 303 StGB

(1) Wer rechtswidrig eine fremde Sache beschädigt oder zerstört, wird mit Freiheitsstrafe bis zu zwei Jahren oder mit Geldstrafe bestraft.

(2) Ebenso wird bestraft, wer unbefugt das Erscheinungsbild einer fremden Sache nicht nur unerheblich und nicht nur vorübergehend verändert.

(3) Der Versuch ist strafbar.

Tatobjekt sind fremde **Sachen**, wobei zu beachten ist, dass Tiere damit auch erfasst werden. Das Tatbestandsmerkmal **fremd** bedeutet, wie beispielsweise beim Diebstahl, dass die Sache nicht herrenlos ist und auch nicht im Alleineigentum des Täters steht.

Tathandlungen sind das Beschädigen, Zerstören und Verändern des Erscheinungsbildes fremder Sachen:

– **Beschädigen**: Bei einer **Substanzverletzung** oder **Brauchbarkeitsminderung** ist von einem Beschädigen der Sache auszugehen.

- **Zerstören**: Bei einem gänzlichen **Brauchbarkeitsverlust** oder Existenzverlust ist eine Zerstörung der Sache gegeben.
- **Verändern des Erscheinungsbildes**: Der Absatz 2 wurde in das Gesetz aufgenommen, um **Graffiti** besser erfassen zu können. Es reicht aus, wenn die Sache in ihrer **bestimmungsgemäßen Brauchbarkeit nicht mehr gegeben** ist, es muss nicht unbedingt eine Substanzverletzung vorliegen. Die Abgrenzung hinsichtlich des nicht unerheblichen und nicht nur vorübergehenden Veränderns des Erscheinungsbildes einer Sache ist in der Praxis oftmals schwierig.

Auch die versuchte Sachbeschädigung ist strafbar. Die Sachbeschädigung wird jedoch nur bei Vorliegen eines **Strafantrags** verfolgt (§ 303 c StGB).

Körperverletzung § 223 StGB

(1) Wer eine andere Person körperlich misshandelt oder an der Gesundheit schädigt, wird mit Freiheitsstrafe bis zu fünf Jahren oder mit Geldstrafe bestraft.

(2) Der Versuch ist strafbar.

Objektiver Tatbestand der Körperverletzung ist die Einschränkung der körperlichen und gesundheitlichen Unversehrtheit einer anderen Person durch **Misshandlung** oder **Gesundheitsschädigung:**

- **Misshandlung**: Unter Misshandlung ist jede üble, unangemessene Behandlung zu verstehen, die das körperliche Wohlbefinden oder die körperliche Unversehrtheit nicht nur unerheblich beeinträchtigt. Als **körperliches Wohlbefinden** wird der Zustand vor und nach der Tat verglichen; ist der Zustand schlechter, ist von einer Beeinträchtigung auszugehen. Auch psychische Beeinträchtigungen können von Bedeutung sein, sofern das körperliche Wohlbefinden deutlich herabgesetzt ist. Die **körperliche Unversehrtheit** ist nicht mehr gegeben, wenn es zu einer Substanzverletzung, insbesondere zu einer Herabsetzung körperlicher Funktionen oder gar einer körperlichen Verunstaltung, gekommen ist.

- **Gesundheitsschädigung** setzt das Hervorrufen oder Steigern eines pathologischen Zustands voraus, der allerdings auch nur vorübergehend vorliegen kann.

Subjektiver Tatbestand der Körperverletzung ist vorsätzliches Handeln beim Täter, wobei bedingter Vorsatz genügt.

Die Rechtswidrigkeit ist ausgeschlossen, wenn Rechtfertigungsgründe aus Notwehr und Notstand vorliegen. Der Gesetzgeber hat zusätzlich mit § 228 StGB hinsichtlich der **Einwilligung des Verletzten** in die Körperverletzung festgeschrieben, dass die Einwilligung unbeachtlich ist, wenn die Tat gegen die „guten Sitten" verstößt. Der BGH hat diesbezüglich entschieden, dass eine mögliche Todesgefahr einen solchen Verstoß darstellen kann.

Bei der Körperverletzung nach § 223 StGB ist ein **Strafantrag** erforderlich.

Gefährliche Körperverletzung § 224 StGB

(1) Wer die Körperverletzung

1. *durch Beibringung von Gift oder anderen gesundheitsschädlichen Stoffen,*
2. *mittels einer Waffe oder eines anderen gefährlichen Werkzeugs,*
3. *mittels eines hinterlistigen Überfalls,*
4. *mit einem anderen Beteiligten gemeinschaftlich oder*
5. *mittels einer das Leben gefährdenden Behandlung*

begeht, wird mit Freiheitsstrafe von sechs Monaten bis zu zehn Jahren, in minder schweren Fällen mit Freiheitsstrafe von drei Monaten bis zu fünf Jahren bestraft.

(2) Der Versuch ist strafbar.

Die gefährliche Körperverletzung ist eine **Qualifizierung** der einfachen Körperverletzung mit den fünf aufgeführten **Begehungsformen**. Der Gesetzgeber stellt damit ausdrücklich die Gefährlichkeit der aufgeführten Begehungsformen unter Strafe, nicht den Taterfolg.

Tathandlungen der Körperverletzung:

1. **Durch Beibringung von Gift oder anderen gesundheitsschädlichen Stoffen**
   Unter Gift versteht man alle Substanzen, die geeignet sind, die Gesundheit zu schädigen.
   Gesundheitsschädliche Stoffe müssen aufgrund ihrer Wirkung in der Lage sein, einen pathologischen Zustand im Körper eines Menschen hervorzurufen oder zu steigern. Das Beibringen erfordert eine Verbindung zwischen dem Gift oder dem gesundheitsschädlichen Stoff mit dem menschlichen Körper.
2. **Mittels einer Waffe oder einem anderen gefährlichen Werkzeug**
   Als Waffe gelten alle Objekte, die dazu bestimmt sind, Menschen durch ihre Wirkung zu verletzen; also alle Gegenstände, die als Angriffs- oder Verteidigungsmittel eingesetzt werden können. Gefährliche Werkzeuge sind alle Gegenstände, die aufgrund ihrer Beschaffenheit dazu geeignet sind, erhebliche Verletzungen hervorzurufen.
3. **Mittels eines hinterlistigen Überfalls**
   Der unerwartete Angriff auf das ahnungslose Opfer wird von der Rechtsprechung als hinterlistiger Überfall gewertet. Der Gesetzgeber hat diese Qualifizierung ausdrücklich normiert, weil damit der Gefährlichkeit eines solchen Angriffs Rechnung getragen werden soll und die Abwehrfähigkeit des Opfers deutlich herabgesetzt ist.
4. **Mit einem anderen Beteiligten gemeinschaftlich**
   Das Zusammenwirken von zwei Personen wird als Qualifizierung der Körperverletzung angesehen, da im gemeinsamen Handeln der Tatbeteiligten die Abwehrbereitschaft des Opfers deutlich geschwächt wird.
5. **Mittels einer das Leben gefährdenden Behandlung**
   Nach den konkreten Umständen muss eine Gefährdung vorliegen, die das Opfer in Todesgefahr bringen kann. Beispielhaft ist hier der Tritt gegen die Kehle oder Schläfe, der Stoß von einer Treppe oder aus einem Fahrzeug.

Schwere Körperverletzung § 226 StGB

(1) Hat die Körperverletzung zur Folge, dass die verletzte Person

1. *das Sehvermögen auf einem Auge oder beiden Augen, das Gehör, das Sprechvermögen oder die Fortpflanzungsfähigkeit verliert,*
2. *ein wichtiges Glied des Körpers verliert oder dauernd nicht mehr gebrauchen kann oder*
3. *in erheblicher Weise dauernd entstellt wird oder in Siechtum, Lähmung oder geistige Krankheit oder Behinderung verfällt,*

so ist die Strafe Freiheitsstrafe von einem Jahr bis zu zehn Jahren.

Die schwere Körperverletzung ist eine sogenannte **Erfolgsqualifikation des Grundtatbestandes** der Körperverletzung nach § 223 StGB. Es handelt sich bei der schweren Körperverletzung um ein Verbrechen. Der Gesetzgeber hat im Tatbestand abschließend aufgeführt, welche Folgen der Körperverletzung zu der Qualifizierung führen.

Wichtig

Wichtig für die Erfolgsqualifizierung ist, dass der Täter den **Grundtatbestand** des § 223 StGB vorsätzlich, rechtswidrig und schuldhaft verursacht hat. Es muss ein unmittelbarer Zusammenhang zwischen dem Grundtatbestand und der Qualifizierung bestehen.

Verursacht der Täter die genannten schwerwiegenden gesundheitlichen Schäden absichtlich, erfolgt eine weitere Qualifizierung (§ 226 Abs. 2 StGB). Das Strafmaß für die Tat ist dann eine Mindestfreiheitsstrafe von drei Jahren.

Diebstahl § 242 StGB

(1) Wer eine fremde bewegliche Sache einem anderen in der Absicht wegnimmt, die Sache sich oder einem Dritten zuzueignen, wird mit Freiheitsstrafe bis zu fünf Jahren oder mit Geldstrafe bestraft.

(2) Der Versuch ist strafbar.

Diebstahl ist eine **Straftat gegen das Eigentum** und auch das am häufigsten vorkommende Vermögensdelikt.

Tatobjekte des Diebstahls sind fremde bewegliche Sachen:

- Der **Sachbegriff** ist in § 90 BGB geregelt. Danach sind **Sachen nur körperlich gefasste Gegenstände.** Auch Tiere werden so behandelt, weil sie eigentumsfähig sind.
- Die Sache muss **beweglich** sein, um einen Diebstahl zu ermöglichen, sie muss also abtransportiert werden können.
- Das Tatbestandsmerkmal **fremd** bedeutet, dass die Sache im Eigentum einer Person stehen muss. Es kommt somit auch das Mit- und Gesamteigentum in Betracht, nicht jedoch **herrenlose Sachen**.

Tathandlung des Diebstahls ist die **Wegnahme** der Sache.

- Die **Wegnahme** stellt einen **Gewahrsamsbruch** dar. Dies bedeutet die Aufgabe der willentlich getragenen **Sachherrschaft** des Gewahrsamsinhabers über die Sache. Entscheidend ist, dass der ehemalige Gewahrsamsinhaber nicht mehr problemlos über die Sache verfügen kann.

Der **subjektive Tatbestand** setzt Vorsatz hinsichtlich der rechtswidrigen Zueignung voraus, der Täter muss willentlich mit Gewahrsamsbruch in fremdes Eigentum eingreifen.

Besonders schwerer Fall des Diebstahls § 243 StGB

(1) Ein besonders schwerer Fall liegt in der Regel vor, wenn der Täter

1. *zur Ausführung der Tat in ein Gebäude, einen Dienst- oder Geschäftsraum oder in einen anderen umschlossenen Raum einbricht, einsteigt, mit einem falschen Schlüssel oder einem anderen nicht zur ordnungsmäßigen Öffnung bestimmten Werkzeug eindringt oder sich in dem Raum verborgen hält,*
2. *eine Sache stiehlt, die durch ein verschlossenes Behältnis oder eine andere Schutzvorrichtung gegen Wegnahme besonders gesichert ist,*
3. *gewerbsmäßig stiehlt,*

4. *aus einer Kirche oder einem anderen der Religionsausübung dienenden Gebäude oder Raum eine Sache stiehlt, die dem Gottesdienst gewidmet ist oder der religiösen Verehrung dient,*
5. *eine Sache von Bedeutung für Wissenschaft, Kunst oder Geschichte oder für die technische Entwicklung stiehlt, die sich in einer allgemein zugänglichen Sammlung befindet oder öffentlich ausgestellt ist,*
6. *stiehlt, indem er die Hilflosigkeit einer anderen Person, einen Unglücksfall oder eine gemeine Gefahr ausnutzt oder*
7. *eine Handfeuerwaffe, zu deren Erwerb es nach dem Waffengesetz der Erlaubnis bedarf, ein Maschinengewehr, eine Maschinenpistole, ein voll- oder halbautomatisches Gewehr oder eine Sprengstoff enthaltende Kriegswaffe im Sinne des Kriegswaffenkontrollgesetzes oder Sprengstoff stiehlt.*

Der Gesetzgeber hat beim besonders schweren Fall des Diebstahls mehrere **Regelbeispiele** aufgeführt, die zu einer Qualifizierung des Grundtatbestands des Diebstahls nach § 242 StGB und damit zu einer höheren Strafandrohung führen. Die Aufführung dieser Regelbeispiele ist jedoch nicht abschließend, sondern lediglich Kriterium für die **erhöhte kriminelle Energie des Täters**.

Grundsätzlich bleibt anzumerken, dass der Täter des besonders schweren Falls des Diebstahls noch **zusätzliche Handlungen** vornehmen muss, um den Diebstahl begehen zu können, oder er **nutzt** für die Tathandlung **Notlagen** und Notsituationen **aus**. Der Diebstahl von Schusswaffen oder Sprengstoff stellt eine Gefährdung der Allgemeinheit dar und fällt damit, unbeachtlich vom Wert der Schusswaffe oder des Sprengstoffs, auch unter diesen Qualifizierungstatbestand.

Sofern es sich um **geringwertige Sachen** (Wert unter 25,– EUR) handelt, ist ein besonders schwerer Fall des Diebstahls ausgeschlossen (außer Waffen und Sprengstoff).

Diebstahl mit Waffen, Bandendiebstahl, Wohnungseinbruchsdiebstahl § 244 StGB

(1) Mit Freiheitsstrafe von sechs Monaten bis zu zehn Jahren wird bestraft, wer

1. *einen Diebstahl begeht, bei dem er oder ein anderer Beteiligter*
   a) *eine Waffe oder ein anderes gefährliches Werkzeug bei sich führt,*
   b) *sonst ein Werkzeug oder Mittel bei sich führt, um den Widerstand einer anderen Person durch Gewalt oder Drohung mit Gewalt zu verhindern oder zu überwinden,*
2. *als Mitglied einer Bande, die sich zur fortgesetzten Begehung von Raub oder Diebstahl verbunden hat, unter Mitwirkung eines anderen Bandenmitglieds stiehlt oder*
3. *einen Diebstahl begeht, bei dem er zur Ausführung der Tat in eine Wohnung einbricht, einsteigt, mit einem falschen Schlüssel oder einem anderen nicht zur ordnungsmäßigen Öffnung bestimmten Werkzeug eindringt oder sich in der Wohnung verborgen hält.*

...

(4) Betrifft der Wohnungseinbruchdiebstahl nach Absatz 1 Nummer 3 eine dauerhaft genutzte Privatwohnung, so ist die Strafe Freiheitsstrafe von einem Jahr bis zu zehn Jahren.

Die im Tatbestand aufgeführten Begehungsformen stellen eine sogenannte **Tatbestandsqualifizierung** dar. Der Gesetzgeber schreibt fest, dass das **Mitführen** einer Waffe oder eines anderen gefährlichen Werkzeugs eine erhöhte kriminelle Energie des Täters darstellt, da aufgrund der Verfügbarkeit ein Einsatz gegen Personen nicht ausgeschlossen werden kann.

Weiterhin wird in der **bandenmäßigen Begehung** von Diebstählen ein gravierender Verstoß gegen die Rechtsordnung gesehen, zumal das Zusammenwirken mehrerer Täter immer eine erhöhte Gefahr für die betroffenen Opfer darstellt.

Mit den **Qualifizierungstatbeständen des Wohnungseinbruchsdiebstahls** trägt der Gesetzgeber dem besonderen Schutz der Unverletzlichkeit der Wohnung aus Art. 13 GG Rechnung. Mehrere kriminologische Studien zeigen auf, dass der Wohnungseinbruch für die

Geschädigten eine enorme psychische Belastung darstellen kann und viele Opfer von Wohnungseinbrüchen unter **posttraumatischen Belastungsstörungen** leiden. Viele Einbruchsopfer geben die Wohnung auf oder ziehen gar in eine andere Stadt um, damit sie räumlichen Abstand vom Tatort haben.

Unterschlagung § 246 StGB

(1) Wer eine fremde bewegliche Sache sich oder einem Dritten rechtswidrig zueignet, wird mit Freiheitsstrafe bis zu drei Jahren oder mit Geldstrafe bestraft, wenn die Tat nicht in anderen Vorschriften mit schwererer Strafe bedroht ist.

(2) Ist in den Fällen des Absatzes 1 die Sache dem Täter anvertraut, so ist die Strafe Freiheitsstrafe bis zu fünf Jahren oder Geldstrafe.

(3) Der Versuch ist strafbar.

Die Formulierung des Tatbestands der Unterschlagung ist sehr allgemein gehalten. Hinsichtlich der **Zueignung** wird kein Vermögensschaden vorausgesetzt. Es können somit auch wertlose Sachen unterschlagen werden.

Merke

Das wesentliche Unterscheidungsmerkmal der Unterschlagung gegenüber dem Diebstahl ist die **fehlende Wegnahme** der Sache.

Die Unterschlagung ist ein **Auffangtatbestand** für Eigentumsdelikte, da aufgrund der Formulierung im Tatbestand Diebstahl und Raub auch erfasst werden, aber sogleich mit der Formulierung im Gesetzestext „wenn die Tat nicht in anderen Vorschriften mit schwerer Strafe bedroht ist" wieder subsidiär zurückgenommen werden.

Eine Qualifizierung erfährt die Unterschlagung, wenn die Sache dem Täter anvertraut war und er über die Sache verfügen konnte. Hier kommt dem vom Täter **missbrauchten Vertrauensverhältnis** zwischen Eigentümer und Verfügungsberechtigten hinsichtlich der erhöhten Strafandrohung erhöhter strafrechtlicher Schutz zu.

Freiheitsberaubung § 239 StGB

(1) Wer einen Menschen einsperrt oder auf andere Weise der Freiheit beraubt, wird mit Freiheitsstrafe bis zu fünf Jahren oder mit Geldstrafe bestraft.

(2) Der Versuch ist strafbar.

(3) Auf Freiheitsstrafe von einem Jahr bis zu zehn Jahren ist zu erkennen, wenn der Täter

1. *das Opfer länger als eine Woche der Freiheit beraubt oder*
2. *durch die Tat oder eine während der Tat begangene Handlung eine schwere Gesundheitsschädigung des Opfers verursacht.*

(4) Verursacht der Täter durch die Tat oder eine während der Tat begangene Handlung den Tod des Opfers, so ist die Strafe Freiheitsstrafe nicht unter drei Jahren.

(5) In minder schweren Fällen des Absatzes 3 ist auf Freiheitsstrafe von sechs Monaten bis zu fünf Jahren, in minder schweren Fällen des Absatzes 4 auf Freiheitsstrafe von einem Jahr bis zu zehn Jahren zu erkennen.

Bei der Freiheitsberaubung handelt es sich um ein sogenanntes **Dauerdelikt**, das in das Rechtsgut der **Freiheit der Person** eingreift. Das Opfer der Freiheitsberaubung wird daran gehindert, seinen Aufenthaltsort frei zu bestimmen. Nach der Rechtsprechung ist bereits **die potentielle Fortbewegungsfreiheit** geschützt, d.h. es kommt nicht darauf an, ob sich das Opfer überhaupt fortbewegen will. Allerdings muss für das Opfer die Möglichkeit der Willensbildung bestehen, sonst ist keine Freiheitsberaubung gegeben (z.B. bei Bewusstlosen).

Hinweis

Das Festhalten eines möglichen Tatverdächtigen im Rahmen der vorläufigen Festnahme gem. § 127 Abs. 1 StPO ist tatbestandsmäßig eine **Freiheitsberaubung i.S.d § 239 StGB**. Die Rechtswidrigkeit entfällt aber, da es sich bei § 127 StPO um einen Rechtfertigungsgrund handelt. Dies trifft auch für das Festnahmerecht im Rahmen der Selbsthilfe nach § 229 BGB zu.

Die Freiheitsberaubung muss vorsätzlich erfolgen, Fahrlässigkeit scheidet aus.

Die Absätze 3 und 4 der Tathandlung beschreiben die **Qualifikation der Freiheitsberaubung**. Sie wird zu einem Verbrechen, wenn die Freiheitsberaubung länger als eine Woche dauert. Wird durch die Freiheitsberaubung der Tod des Opfers verursacht, ist als erfolgsqualifizierte Variante die Freiheitsstrafe nicht unter drei Jahren, auch wenn der Täter den Tod des Opfers fahrlässig verursacht.

Unterlassene Hilfeleistung § 323 c StGB

Wer bei Unglücksfällen oder gemeiner Gefahr oder Not nicht Hilfe leistet, obwohl dies erforderlich und ihm den Umständen nach zuzumuten, insbesondere ohne erhebliche eigene Gefahr und ohne Verletzung anderer wichtiger Pflichten möglich ist, wird mit Freiheitsstrafe bis zu einem Jahr oder mit Geldstrafe bestraft.

Bei der unterlassenen Hilfeleistung handelt es sich um ein sogenanntes **echtes Unterlassungsdelikt**, da der Tatbestand abschließend im Besonderen Teil des StGB normiert ist.

Mit **Unglücksfall** sind zunächst naheliegend Verkehrs- oder Arbeitsunfälle erfasst. Der Begriff der gemeinen Gefahr ist aus dem Polizei- und Ordnungsrecht entnommen. Unter **gemeiner Gefahr** oder **Not** wird eine Gefährdung für eine unbestimmte Anzahl von Personen und größere Sachwerte verstanden, beispielsweise Brände und Überschwemmungen.

Der Bürger soll auf Grund dieser Vorschrift im Rahmen seiner Möglichkeiten zur Hilfeleistung verpflichtet werden.

2.6 Arbeits- und Gesundheitsschutz

Die Interventionskraft ist nicht nur auf Grund direkter Konfrontation mit einem „Täter“ am Interventionsort besonderen Gefahren ausgesetzt, sondern vom Interventionsort selbst können Gefahren für die Interventionskraft ausgehen. Industrieanlagen beispielsweise beinhalten allein auf Grund der Produktion chemischer oder pharmazeutischer Produkte vielfältige Gefahrenquellen. Die Interventionskraft muss daher die **Unfallverhütungsvorschriften** sowie die Verbots-, Warn-, Gebots- und Rettungszeichen sicher beherrschen, um unnötige Risiken am Interventionsort zu vermeiden, denn in der Regel ist sie ohne ortskundige Begleitung vor Ort.

DGUV Vorschrift 23

Die Unfallverhütungsvorschrift **DGUV Vorschrift 23** (ehemals BGV C 7) gilt für **Wach- und Sicherungstätigkeiten zum Schutz von Personen und Sachwerten**. Wach- und Sicherungstätigkeiten im Sinne dieser Unfallverhütungsvorschrift sind gewerbsmäßig ausgeübte Tätigkeiten zum Schutze von Personen und Sachwerten, z. B.

- Revier- und Streifendienst,
- Notruf- und Serviceleitstellendienst,
- Alarmverfolgung.

Aufgrund der Regelung in § 3 dieser Vorschrift hat der Unternehmer dafür zu sorgen, dass Wach- und Sicherungstätigkeiten nur von Versicherten ausgeführt werden, die die erforderlichen **Befähigungen** besitzen. Die Versicherten dürfen für diese Tätigkeiten nicht offensichtlich ungeeignet sein. Über die Befähigungen sind Aufzeichnungen zu führen.

Der Unternehmer darf demnach für die jeweilige Wach- und Sicherungstätigkeit nur Versicherte einsetzen, die

- hierfür körperlich und geistig geeignet sowie persönlich zuverlässig sind,
- das 18. Lebensjahr vollendet haben und
- für die jeweilige Tätigkeit angemessen ausgebildet sind.

Neben einer allgemeinen Ausbildung, die u. a. Dienst- und Fachkunde, Eigensicherung, Verhalten bei Konfrontationen, Brandschutz und Erste Hilfe umfasst, sind für bestimmte Tätigkeiten spezielle Ausbildungen und Befähigungen erforderlich, derartige Tätigkeiten sind z. B. auch die Alarmverfolgung.

Alarmverfolgung

Die **Alarmverfolgung** gehört zu den Wach- und Sicherungstätigkeiten mit möglicherweise hohem Konfliktpotenzial und bedarf daher einer entsprechenden Eignung und Ausbildung der Versicherten. **Auswahlkriterien** nach dieser Vorschrift sind:

- körperliche Voraussetzungen und Leistungsfähigkeit,
- situations- und personenbezogenes Einschätzungsvermögen,
- Eigenverantwortlichkeit,
- zielorientierte deeskalierende Entscheidungs- sowie Handlungsfähigkeit.

Besondere **Ausbildungsinhalte** sind erforderlich:

- rechtliche, taktische und psychologische Grundlagen sowie deren Anwendung,
- Verhaltenstraining für Konfrontationen und Konfliktvermeidung,
  Möglichkeiten der Eigensicherung und deren praktische Anwendung,
- Zusammenwirken mit Sicherheitsbehörden.

Erste-Hilfe-Maßnahmen

IK können aufgrund ihrer besonderen Tätigkeit mit der Notwendigkeit von **Erste-Hilfe-Maßnahmen** konfrontiert werden. Daher sollten sie nicht nur persönlich Erste Hilfe leisten können, sondern auch die einschlägigen Vorschriften der Berufsgenossenschaftlichen Unfallverhütungsvorschriften kennen, um möglicherweise präventiv tätig werden zu können.

Die IK sollten wissen:

- Der Unternehmer hat dafür zu sorgen, dass erforderliche Einrichtungen, Sanitätsräume, Erste-Hilfe-Material, Rettungsgeräte, Rettungstransportmittel, erforderliches Personal, insbesondere Ersthelfer und Betriebssanitäter, zur Verfügung stehen.
- Der Unternehmer hat dafür zu sorgen, dass nach einem Unfall sofort Erste Hilfe geleistet und eine erforderliche **ärztliche Versorgung** veranlasst wird.

- Der Unternehmer hat unter Berücksichtigung der betrieblichen Verhältnisse durch **Meldeeinrichtungen** und organisatorische Maßnahmen dafür zu sorgen, dass unverzüglich die notwendige Hilfe herbeigerufen und an den Einsatzort geleitet werden kann.
- Der Unternehmer hat dafür zu sorgen, dass mindestens ein **Sanitätsraum** oder eine vergleichbare Einrichtung in einem Betrieb mit mehr als 1000 Versicherten, in einem Betrieb mit mehr als 100 Versicherten, wenn seine Art und das Unfallgeschehen nach Art, Schwere und Zahl der Unfälle einen gesonderten Raum für die Erste Hilfe erfordern, auf einer Baustelle mit mehr als 50 Versicherten vorhanden ist.
- Der Unternehmer hat dafür zu sorgen, dass das **Erste-Hilfe-Material** jederzeit schnell erreichbar und leicht zugänglich in geeigneten Behältnissen, gegen schädigende Einflüsse geschützt, in ausreichender Menge bereitgehalten sowie rechtzeitig ergänzt und erneuert wird.
- Der Unternehmer hat dafür zu sorgen, dass für die Erste-Hilfe-Leistung **Ersthelfer** in ausreichender Zahl zur Verfügung stehen und nur Personen als Ersthelfer eingesetzt werden, die über eine anerkannte Ausbildung verfügen.

Sicherheits- und Gesundheitskennzeichnung

Die **Interventionstätigkeit** kann in unbekannten Gebäuden, Produktionsbetrieben und Fertigungshallen mit erheblichen gesundheitlichen Risiken behaftet sein, wenn im Rahmen einer Alarmverfolgung unbekannte Räumlichkeiten aufgesucht werden müssen. Für die IK ist es daher wichtig, die bedeutenden **Sicherheits- und Gesundheitskennzeichnungen aus der DGUV-Information 211-041 und der Norm DIN EN ISO 7010** zu kennen und deren Bedeutung richtig einzuschätzen.

Insbesondere sollte die IK wissen, dass sich die Zeichen aufgrund ihrer geometrischen Form und Farbe hinsichtlich möglicher Gefahren unterscheiden. **Verbotszeichen** sind rund und rot mit entsprechender sogenannter Sicherheitsaussage. Alle **Brandschutzzeichen** sind ebenfalls rot und quadratisch.

Alle **Warnzeichen** sind dreieckig, gelb mit schwarzem Rand und dem entsprechenden Sicherheitshinweis. **Gebotszeichen** sind rund mit blauem Untergrund und einer Aussage über das Gebot. **Rettungszeichen** sind rechteckig oder quadratisch mit grünem Untergrund mit dem entsprechenden Hinweis.

Abbildung 3: Warnzeichen

Unfallverhütungsvorschrift für Fahrzeuge

Da die Interventionstätigkeit in der Regel mit einer Fahrt zum Ereignisort verbunden ist, sollte die IK Kenntnis über die **Unfallverhütungsvorschrift für Fahrzeuge DGUV Vorschrift 70** haben. Wichtig ist insbesondere, dass sich die Fahrzeuge in einem sicherheitstechnisch einwandfreien Zustand befinden. Für den verkehrssicheren Zustand der Fahrzeuge sind sowohl der Unternehmer als auch der jeweilige Fahrzeugführer verantwortlich (vgl. Kapitel 6.2, Formblatt **Kfz-Übergabeprotokoll**).

3. Dienstkunde

Anforderungen an Interventionskräfte

Das Kapitel Dienstkunde hat für die Interventionskraft einen enorm wichtigen Praxisbezug. Verhaltens- und Handlungsgrundsätze auf dem Weg zum Interventionsort und am Interventionsort müssen zwingend beachtet werden, um potentielle Gefahren für die Interventionskraft auszuschließen. Insbesondere das besonnene Vorgehen am Interventionsort muss für die Interventionskraft obligatorisch sein. Falsches „Heldentum" ist zu vermeiden, da eine Konfrontation mit einem Straftäter unkalkulierbare Risiken birgt.

3.1 Verhaltens- und Handlungsgrundsätze auf dem Weg zum Interventionsort

Jede Sicherheitskraft und jede IK möchte nachvollziehbarerweise schnellstmöglich zum Ereignisort kommen, um Gewissheit über Fehlalarm oder Echtalarm zu erhalten. Genau in dieses Spannungsfeld stößt jedoch die StVO. Wie bereits einleitend dargestellt, besitzen die IK **keinerlei hoheitliche Befugnisse**. Sie müssen daher auf dem Weg zum Interventionsort strengstens die StVO beachten. Bei Verkehrsverstößen, insbesondere bei Geschwindigkeitsübertretungen, haftet die IK eigenverantwortlich. Daher ist die Fahrt zum Interventionsort immer eine nicht zu unterschätzende physische und psychische Herausforderung, auch für eine erfahrene IK.

Der **Funkkontakt zur NSL** sollte während der gesamten Einsatzfahrt zum Interventionsort aufrechterhalten werden. Während der Fahrt zum Einsatzort können sich zwischenzeitlich wichtige Informationen ergeben, die für das Vorgehen am Einsatzort grundlegende Bedeutung haben können.

Die **Annäherung an den Interventionsort** hat so umsichtig wie möglich zu erfolgen! Möglicherweise haben sich der oder die Täter bereits wieder vom Einsatzort entfernt und kommen den IK mit einem

Pkw entgegen. In der Nähe des Interventionsortes sollten daher nach Möglichkeit immer die **Kennzeichen** der entgegenkommenden Fahrzeuge notiert werden. Gerade nachts, bei wenigen Verkehrsbewegungen darf den IK nicht entgehen, dass sich beispielsweise ein Kleintransporter in einem Industriegebiet vom Interventionsort entfernt. Hier kann ein abgelesenes Kennzeichen für die polizeilichen Ermittlungen von enormem Wert sein.

Auch entgegenkommende **Personen** in der Nähe des Interventionsortes sollten von den IK wahrgenommen werden. Die IK sollten zumindest eine vage Personenbeschreibung, vorrangig Auffälligkeiten der Personen, gegenüber der Polizei abgeben können, wenn sich später am Interventionsort herausstellt, dass eine Straftat vorliegt.

Die **Zeugenaussagen** der IK können sodann von der Polizei im Rahmen einer Nahbereichsfahndung zielgerichtet genutzt werden, sofern der zeitliche und örtliche Zusammenhang noch gegeben ist

3.2 Verhaltens- und Handlungsgrundsätze am Interventionsort

Der IK sollte immer bewusst sein, dass ihre Aufgabe in erster Linie nicht darin besteht, Straftäter auf frischer Tat festzunehmen oder zu verfolgen. Vielmehr ist das hauptsächliche Ziel, in einem erreichbaren zeitlichen Rahmen am Ereignisort einzutreffen und alle weiteren Maßnahmen für den Vertragskunden zu koordinieren. Sind bereits Polizeikräfte vor Ort, hat die IK in geeigneter Weise Kontakt aufzunehmen und ihre Hilfeleistung anzubieten. Dabei können die mitgeführten Objektunterlagen und Schließmittel für die Polizei von erheblichem Wert sein.

Die **Einbindung der IK** im Rahmen des Polizeieinsatzes bedarf der präzisen Absprache mit dem Polizeiführer vor Ort. Ein persönliches Risiko sollte von der IK nicht eingegangen werden, dafür sind die Polizeibeamten prädestiniert.

Beachte

Sehr wichtig ist die **Erkennbarkeit der IK** gegenüber der Polizei. Bei einem unkoordinierten Einsatz am Interventionsort, in unbekannter Umgebung und unter schlechten Sichtverhältnissen kann nicht ausgeschlossen werden, dass IK mit möglichen Straftätern verwechselt werden. Die IK haben daher **immer Dienstbekleidung** zu tragen!

Beim Eintreffen der IK am Einsatzort ist umsichtiges und vorsichtiges Verhalten wichtigster Einsatzgrundsatz. Sofern die Möglichkeit besteht, sollte der Einsatzort/das Einsatzobjekt umfahren werden. Die IK können sich so einen **ersten Lageüberblick** verschaffen, mögliche Veränderungen oder **unberechtigte Personen** wahrnehmen und dies bereits der NSL mitteilen. Die IK sollten weiterhin nicht sofort zielgerichtet zum Eingangsbereich des Einsatzobjektes gehen, sondern einige Zeit im Einsatzfahrzeug verbleiben und das Objekt beobachten. Sofern keine unberechtigten Personen im Objekt festgestellt werden, kann das Objekt betreten werden. Dabei sind die objektspezifischen Besonderheiten zu beachten. Das bedeutet für die IK sich an den **Kundenvorgaben** zu orientieren und alle **sicherheitsrelevanten Vorgaben** zu beachten.

Zunächst ist der aufgelaufene Alarm an der **Gefahrenmeldeanlage** auszulesen und zu bewerten. Mit dem Auslesen verfügen die IK über weitere Informationen hinsichtlich der Beurteilung des Alarms und damit für ihre weiteren Maßnahmen.

Auch wenn der Verdacht eines **Fehlalarms** besteht, sollte das Objekt begangen werden, um den Alarm abschließend bewerten zu können. Bei der **Objektbegehung** ist trotzdem immer vorsichtiges Handeln geboten. Solange sich die IK nicht sicher sind, dass sich keine unberechtigten Personen im Objekt aufhalten.

Es ist selbstverständlich, dass **Objektkontrollen immer von zwei IK** durchzuführen sind. Dabei sind **taktische Grundsätze der Eigensicherung** zu beachten, beispielsweise gegenseitige Absicherung beim Betreten von Räumen oder bei der Konfrontation mit unbekannten Personen!

Wichtig

Den IK muss dabei immer bewusst sein, dass eine **Konfrontation mit einem Straftäter** im Objekt ein enormes Risiko darstellt. Der Täter ist in einer psychischen Ausnahmesituation, da er sich entdeckt fühlt und mögliche Fluchtwege versperrt sind. Die IK sollten daher vor Objektbegehung alle Räumlichkeiten beleuchten, um einem Täter Präsenz zu signalisieren und um ihm Fluchtmöglichkeiten offen zu halten.

Die Objektkontrollen haben immer mit der Kontrolle der **Außenhaut des Gebäudes** zu beginnen, um mögliche Beschädigungen sofort zu erkennen. Erst danach ist das Gebäude zu betreten!

Die **NSL ist** über die jeweilige Maßnahme und die getroffenen Feststellungen **zu informieren**. Im Gebäude ist der **erste Kontrollpunkt** die Gefahrenmeldeanlage (wenn vorhanden). Bei der weiteren Gebäudekontrolle ist immer zu beachten, dass bei mehrstöckigen Gebäuden möglichst immer **von oben nach unten** kontrolliert wird. Einem im Gebäude verborgenen Straftäter wird damit nicht der **Fluchtweg** abgeschnitten und eine direkte Konfrontation mit dem Interventionsdienst verhindert.

Sofern bereits vor Eintreffen am Einsatzort fest steht, dass es sich um einen **Echtalarm** handelt, ist einsatztaktisch das Eintreffen von Polizeikräften außer Sichtweite vom Einsatzort abzuwarten. Nach **Verbindungsaufnahme mit den eintreffenden Polizeikräften** können von den IK für die Folgemaßnahmen alle Objektinformationen zur Verfügung gestellt werden. Wie bereits erwähnt, kann eine Einsatzeinbindung der IK nur nach Rücksprache mit dem **Einsatzleiter der Polizei** und nur im Rahmen größter Eigensicherung erfolgen.

Nach Beenden der Kontrollmaßnahmen ist die NSL zu verständigen. Zunächst hat eine **fernmündliche Meldung** nach dort zu erfolgen, um einen gleichen Informationsstand zu gewährleisten.

Sobald es dem Interventionsdienst möglich ist, ist der entsprechende **Bericht** zu fertigen und über die NSL dem Kunden vorzulegen.

3.3 Melde- und Berichtswesen

Definitionen Meldung und Bericht:

- Die **Meldung** ist eine Information über den Sachverhalt (eine Lage) eines rechts-, sicherheits- oder ordnungswidrigen Vorgangs oder Zustands, der während der Auftragserfüllung durch den Sicherheitsdienst festgestellt wurde.
- Der **Bericht** beinhaltet neben dem Text der Meldung auch die Zusammenfassung durchgeführter Maßnahmen, von Erkenntnissen und Ermittlungsergebnissen sowie Folgerungen aus dem gemeldeten Sachverhalt. Der Bericht enthält aber keine subjektive Einschätzung des Verfassers, sondern bezieht sich in dessen Textform nur auf die objektiven Elemente (vgl. Kapitel 6.2, Einsatzbericht Alarmverfolgung/Aufzugsbefreiung).

Im Rahmen der Interventionstätigkeit sind das Absetzen einer Meldung und das Erstellen eines Berichts von elementarer Bedeutung. **Sofortmeldungen** über Funk auf der Fahrt zum Ereignisort oder am Ereignisort sind für die Eigensicherung und für erforderliche Folgemaßnahmen enorm wichtig. Die IK muss daher in der Lage sein, eine eindeutige und strukturierte Meldung an die NSL abzusetzen, damit von dort aus alle notwendigen Maßnahmen eingeleitet werden können. Eine verständlich und klar abgegebene Sofortmeldung erspart unnötige Nachfragen und entlastet damit auch den Funkverkehr.

Der IK muss beim Absetzen einer Sofortmeldung über Funk oder Mobiltelefon bewusst sein, dass auf diesem Übertragungsweg nicht alle Informationen in der NSL ankommen müssen. Es ist daher im Rahmen dieser Kommunikation wichtig, dass die NSL-Kraft und der Interventionsdienst über gleiche Informationen verfügen. Sollte eine sichere Informationsübertragung aufgrund technischer Gegebenheiten nicht vollständig sichergestellt sein, ist eine ergänzende Wiederholung und Abgleich der Information unumgänglich!

Mit der **Alarmauslösung** wird in der Regel auch eine Intervention notwendig. Somit wird eine **Meldekette** in Gang gesetzt. Das Auslösen der Meldung über die NSL ist erforderlich, um Schäden und Gefahren zu verhindern oder zu beseitigen.

Mit der Auftragsmeldung an den Interventionsdienst ist gewährleistet, dass eine Überprüfung am Ereignisort schnellstmöglich stattfindet, um mögliche Schäden zu verhindern oder zu minimieren.

Daher ist es unbedingt erforderlich, dem Interventionsdienst alle erforderlichen Informationen zukommen zu lassen, die diesen in die Lage versetzen, am Ereignisort sicher und zielgerichtet agieren zu können.

Merke

Für eine Sofortmeldung/einen Auftrag an den Interventionsdienst ist von enormer Bedeutung, dass die Meldung die sog. **7 goldenen W's** enthält.

Wann? – Wo? – Was? – Wie? – Womit? – Warum? – Wer?

Insbesondere bei Meldungen innerhalb des Interventionsdienstes bei der Alarmverfolgung sollte beim Funkverkehr zwischen NSL und Interventionsdienst beachtet werden, dass die Mitteilungen so kurz wie möglich, aber so umfangreich wie nötig übermittelt werden.

Die IK am Ereignisort hat nach dortigem Eintreffen und einer **Erstbeurteilung der Lage** der NSL eine **Erstmeldung** mitzuteilen und gfs. Folgemaßnahmen abzusprechen. Diese Erstmeldung hat sich wieder an den genannten 7 goldenen W's zu orientieren, damit keine wichtigen Fakten vergessen werden.

Nach „Abarbeitung" des Alarms kann dann ein **Einsatzbericht** unter Verwendung eines Vordrucks erstellt werden. Diese Vordrucke haben sich bewährt, da alle für die Erstellung des Berichts notwendigen Parameter aufgeführt sind. In der Regel sind nur die entsprechenden Kernfelder anzukreuzen und gfs. in einem Bemerkungsfeld ergänzende Angaben zu machen.

Hinweis

Diese Berichtsform hat den Vorteil, dass der Auftraggeber/Kunde mit dem Vordruck auch noch weitere Informationen, wie z. B. Geschäftsform und Geschäftsführer des Unternehmens, Telefonnummern und sonstige Informationen erhält, die mögliche Nachfragen ersparen. Ein guter Berichtsvordruck in dieser Form zeigt auch die Professionalität des Sicherheitsunternehmens.

3.4 Zusammenarbeit mit der Polizei und anderen Ordnungsbehörden

Wie bereits beim Verhalten am Einsatzort dargestellt, hat die Zusammenarbeit mit der **Polizei** für den Interventionsdienst große Bedeutung. Eine Abstimmung mit den Einsatzkräften der Polizei ist unbedingt erforderlich, um **Einsatzrisiken** für den Interventionsdienst zu minimieren und ein gemeinsames Einschreiten zu koordinieren.

Dabei ist eine **Kontaktaufnahme** mit der Polizei mit entsprechendem Dienstausweis und gfs. Personalausweis obligatorisch, sofern es die jeweilige Lage vor Ort zulässt. Dem Einsatzleiter der Polizei sind auf jeden Fall nach Abschluss der Intervention die Personalien der eingesetzten IK mitzuteilen.

In der Regel verfügt der Interventionsdienst über weitergehende Informationen über das **Interventionsobjekt** als die Polizei. Dies ergibt sich zwangsläufig aus der besonderen Beauftragung des Interventionsdienstes für das Einsatzobjekt. Oft kommen beim betreuten Objekt zur reinen Alarmaufschaltung zur NSL auch noch weitere Sicherheitsdienstleistungen hinzu, die die objektspezifischen Besonderheiten aktualisieren (z. B. Umbaumaßnahmen, Änderungen bei den Ansprechpartnern, u. a.).

Die Polizei und andere Ordnungsbehörden sind für derartige Hilfestellungen äußerst dankbar, da sie in der Regel zeitaufwändige Nachfragen entbehrlich machen.

Weiterhin ist es für die IK selbstverständlich, die Polizei im Rahmen der **Tatortarbeit** zu unterstützen. Dies kann die Absicherung des Tatorts bis zum Eintreffen der Polizei/Spurensicherung sein, aber auch **Zeugenbefragungen** und das Zureichen einer Erstmeldung mit der ladungsfähigen Anschrift des befragten Zeugen.

Hinweis

Eine so geschilderte Zusammenarbeit ist optimal, kann jedoch oft aufgrund von zeitlichen, örtlichen und taktischen Vorgaben nicht immer so erfolgen. Der Interventionsdienst sollte sich aber auf jeden Fall um eine **optimale Sicherheitsdienstleistung** bemühen, denn eine Anerkennung von der Polizei oder sonstigen Ordnungsbehörden wirft ein gutes Licht auf das beauftragte Sicherheitsunternehmen.

3.5 Grundsätze der Eigensicherung/taktisches Verhalten

IK müssen immer mit der Gefahr einer **Konfrontation mit Straftätern** rechnen, da sie in der Regel im Rahmen der Alarmverfolgung zuerst am Einsatzort eintreffen.

Das Zusammentreffen mit Straftätern am Einsatzort kann für die IK mit der **Gefahr einer Eskalation** durch die erkannten Straftäter einhergehen, insbesondere dann, wenn Straftätern Fluchtwege abgeschnitten werden und sie mit einer vorläufigen Festnahme rechnen müssen. Für den Straftäter beispielsweise eines Einbruchsdiebstahls bedeutet das Betreffen oder Verfolgen auf frischer Tat „den größten anzunehmenden Unfall“ und er wird alles in seiner Macht Stehende unternehmen, um sich der Festnahme durch Flucht zu entziehen. Da er sich in einer unvorhersehbaren **psychischen Ausnahmesituation** befindet, wird er auch vor körperlicher Gewalt nicht zurückschrecken und sei es auch nur im **Affekt**. Davon ausgehend, dass er auch Einbruchswerkzeug mit sich führt, kann die Situation weitergehend eskalieren, wenn er dieses Werkzeug als Waffe gegen die IK einsetzt.

Grundsätze der Eigensicherung

Für die IK gilt es, diese **Eskalationsgefahr** zu vermeiden, indem sie taktisch vorsichtig am Einsatzort vorgehen. Grundsätzlich ist immer davon auszugehen, dass sich Täter noch in einem Objekt befinden, solange das Objekt nicht vollständig durchsucht wurde. Erst dann und nur dann kann von Sicherheit für die IK gesprochen werden.

Bei **Gebäudekontrollen** ist, wie schon angesprochen, nach dem Grundsatz der Kontrolle des Gebäudes immer von oben nach unten zu verfahren, um einem Täter Fluchtmöglichkeiten offen zu lassen. Selbstverständlich ist, dass eine vorherige Kontrolle der Gebäudeaußenhaut zu erfolgen hat.

Ebenso selbstverständlich sollte sein, die **NSL** über das weitere Vorgehen am Objekt zu **informieren**. Sofern eine **GMA** im Objekt vorhanden ist, ist diese als erster Kontrollpunkt aufzusuchen. Die dort gespeicherten Informationen sind auszuwerten, um die weitere Kontrolltätigkeit in Abstimmung mit der NSL vornehmen zu können.

Obligatorisch für die Interventionstätigkeit ist das Mitführen der entsprechenden **Objektschlüssel**, **Zutrittskarten** und **Objektpläne**.

Wichtig

Folgende Grundsätze sind bei der Eigensicherung immer zu beachten:

- **Routine** ist der größte Feind der Eigensicherung, weil Situationen nicht mehr erneut situationsgerecht beurteilt werden, sondern Vergleiche mit ähnlichen Situationen erfolgen!
- **Effektiver Eigenschutz** ist nur möglich nach erfolgter **Gefahrenanalyse** und **Risikobewertung**!
- Bei **Personenkontrollen** ist nach Möglichkeit immer ein günstiger Standort auszuwählen und immer mit unvorhersehbaren Aktionen und Verhaltensweisen der zu kontrollierenden Personen zu rechnen!
- **Selbstbewusstes** und **sicheres Auftreten** begünstigt die Kontrollsituation!
- Sprechen Sie die zu kontrollierenden Personen höflich, aber bestimmt an!

Bei der **Personenkontrolle** ist ein **gezieltes taktisches Zusammenwirken** der beiden IK unbedingt notwendig. Taktisch vorteilhaft ist immer die sogenannte **L-Stellung** in der Kontrollsituation. Bei der L-Stellung haben die Kontrollierenden nahezu vollständige Sicht auf die zu kontrollierende Person und können bei unvermittelten Aktionen der Kontrollperson zielgerichtet reagieren.

Zu beachten ist dabei, dass der **Sicherheitsabstand** zum Gegenüber mindestens 1,5–2 m betragen sollte. Im Kommunikationsverhalten gegenüber einer unbekannten Person spricht man bei diesem Abstand von der gesellschaftlichen Distanz.

Zum taktischen Zusammenwirken gehört weiterhin die **Absprache**, welche IK den Part des Kontrolleurs übernimmt, damit sich die Kontrollperson ihm zuwendet, während der Partner absichert.

Eigensicherung bei Fahrzeugkontrollen

Die **Eigensicherung bei Fahrzeugkontrollen** stellen an die IK nochmals erhöhte Anforderungen. Zwar stellen Fahrzeugkontrollen beim Interventionsdienst eher die Ausnahme dar, weil sich situationsbedingt kaum Möglichkeiten ergeben, überhaupt Fahrzeugkontrollen durchzuführen.

Die **erhöhte Eigensicherung** im Rahmen einer Fahrzeugkontrolle ist aber für die Polizei und die Sicherheitsmitarbeiter unbedingt notwendig. Fahrzeuge verhindern die uneingeschränkte Sicht auf die Fahrzeuginsassen, die durch getönte Scheiben oder andere Bauteile noch zusätzlich verdeckt sein können. Für bewaffnete Täter ergeben sich somit viele Möglichkeiten, die mitgeführten Waffen oder sonstige gefährliche Gegenstände gegen die Kontrollierenden einzusetzen. Witterungsbedingt oder durch schlechte Lichtverhältnisse können sich nochmals erhöhte Risiken für die Kontrollierenden ergeben, da Angriffshandlungen potentieller Täter ungleich schwerer wahrgenommen werden.

Nicht ohne Grund stellt ein „Zugriff“ auf potentielle Straftäter in einem Pkw auch für Spezialkräfte der Polizei eine hohe Eigengefährdung dar. Solange das Fahrzeug noch in Bewegung ist, auch bei geringer Geschwindigkeit, verbietet sich eine Kontrolle, da immer mit einem Durchstarten des Fahrers gerechnet werden muss. Aus diesem Grund darf niemals ein Sicherungsbeamter der Polizei vor oder hinter dem Fahrzeug stehen.

Die **Fahrzeugkontrolle** hat erst bei **abgestelltem Motor** und richtigerweise bei einem **abgezogenen Zündschlüssel** zu erfolgen. Erst dann dürfen sich die Kontrollierenden halb schräg, seitlich versetzt von hinten dem Fahrzeug nähern.

Im Rahmen einer polizeilichen Fahrzeugkontrolle ist es dabei üblich, die Hand an der in der Tragevorrichtung befindlichen Waffe zu haben, um bei einem Angriff der Fahrzeuginsassen reagieren zu können.

Hinweis

Fraglich ist, ob von IK aufgrund der genannten erhöhten Risikokriterien überhaupt eine **Fahrzeugkontrolle** in Erwägung gezogen werden sollte! Diese sind nach Ansicht des Verfassers grundsätzlich **Aufgabe der Polizei**, weil für den privaten Sicherheitsdienst nicht verantwortbare Risiken entstehen. Allein schon wegen der Erkennbarkeit mittels Blaulicht, Dienstbekleidung, Bewaffnung und Ausbildung sollten Fahrzeugkontrollen den Polizeibeamten vorbehalten bleiben!

4. Umgang mit Menschen

Anforderungen an Interventionskräfte

Dieser Abschnitt ist für die Interventionskräfte von besonderer Bedeutung. Die Interventionskraft hat das Ziel, den Gesprächspartner durch ihr Auftreten und durch das Wort zu beeinflussen und so ihren beruflichen Auftrag zu erfüllen. Dazu bedarf es der richtigen Einstellung und entsprechender Kommunikationsfähigkeiten, die sich durchaus erlernen und trainieren lassen.

4.1 Verhaltensweisen von Menschen in verschiedenen Situationen

Verstand, **Gefühl** und **Trieb** werden von der Psychologie als die drei Strukturebenen benannt, die menschliches Verhalten steuern.

Verstand

Immanuel Kant (deutscher Philosoph der Aufklärung) hat **Verstand** so definiert:

„Verstand, als das Vermögen zu denken, wird auch das obere Erkenntnisvermögen genannt, darum weil das Vermögen der Anschauungen nur das Einzelne in Gegenständen, dagegen das der Begriffe das Allgemeine der Vorstellungen derselben, die Regel, enthält, der das Mannigfaltige der sinnlichen Anschauungen untergeordnet werden muss, um Einheit zur Erkenntnis des Objekts hervorzubringen. …"

Einfacher ausgedrückt: **Verstand** ist das Vermögen, Begriffe zu bilden und diese zu Urteilen zu verbinden. Für unsere täglichen Entscheidungen bedeutet Verstand ein Abwägen von Entscheidungen und Zielsetzungen, indem wir Vor- und Nachteile vergleichen.

Verstand kann nicht losgelöst vom Begriff des Denkens betrachtet werden. Unter **Denken** werden alle Vorgänge zusammengefasst, die uns Menschen eigen sind und wir mit unseren Vorstellungen, Begriffen und insbesondere Erinnerungen zu einer Erkenntnis bringen.

Hinweis

Für die tägliche Arbeit im Sicherheits- und Interventionsdienst bedeutet dies ein Abwägen von Gefahren und Risiken, das sich in einem zielgerichteten und sicherheitsorientierten Verhalten zeigt.

So ist beispielsweise ein Einbruchsalarm solange als Echtalarm „abzuarbeiten", bis die gesicherte Erkenntnis eines Fehlalarms feststeht!

Gefühle

Gefühle beeinflussen unsere Entscheidungen sehr viel mehr als es uns bewusst ist. In der Kommunikation spielt die Gefühls- und Beziehungsebene eine unbewusst entscheidende Rolle. Unter **Gefühl** versteht die Psychologie einen Oberbegriff für verschiedene menschliche Erfahrungen und Reaktionen. Wir alle können uns vorstellen, was die Gefühle Angst, Mitleid, Liebe oder Eifersucht beinhalten und bewirken. Wir verbinden mit Gefühlen nicht nur äußere Tatsachen, sondern auch unsere persönliche Beurteilung.

Gerade weil wir uns der großen Bedeutung der **Gefühlsebene** in der täglichen Arbeit bewusst sind, sollten wir uns **über die Gefühlsebene** den **Zugang zur Sachebene verschaffen**. Dies gelingt, indem wir im Rahmen der Kommunikation bei Konflikten zunächst ganz bewusst die Gefühlsebene von Personen ansprechen.

Für die **Konfliktbehandlung** und im Rahmen zielgerichteter Gesprächsführung hat sich die sogenannte **„LIMO-Methode"** bewährt. Dabei erfolgt zunächst ein **L**ob und **I**nteresse als Einstieg in das Gespräch. Damit wird gezielt die Gefühls- und Beziehungsebene angesprochen. Erst dann erfolgt versteckte Kritik, indem dem Gesprächspartner **M**ängel aufgezeigt werden. Versöhnlich sollte die Kommunikation enden, mit dem gemeinsamen Erarbeiten von **O**ptionen.

Vorteil dieser Methode ist, dass der Gesprächspartner nicht direkt mit einem **Fehlverhalten** konfrontiert, sondern über den Zugang der Gefühlsebene zu **sachlicher Kritik** geleitet wird.

Trieb

Der Begriff **Trieb** und die sogenannte Triebtheorie wurden nachhaltig von dem österreichischen Psychoanalytiker Sigmund Freud geprägt. Die Triebtheorie beschreibt, dass der Mensch wesentlich von angeborenen Trieben und Grundbedürfnissen gesteuert wird. Unter **Grundbedürfnissen** sind alle Bedingungen zu verstehen, die dem Menschen ein „menschwürdiges" Dasein ermöglichen und über die Existenzbedürfnisse hinausgehen.

Grundsätzlich wird Trieb als Grundlage der allgemeinen Lebens-, Art- und Selbsterhaltung beschrieben. Weniger relevant sind für den Sicherheits- und Interventionsdienst die unterschiedlichen psychoanalytischen Ansätze der Triebdefinition. Wichtiger ist zu wissen, dass der **Mensch in lebensbedrohlichen Situationen nicht** mehr **verstandesgemäß handelt**, **sondern** sein Verhalten unbewusst und **triebgesteuert** erfolgt. Nur aufgrund dieser Erkenntnis ist beispielsweise Panik zu erklären.

Dem Mitarbeiter muss daher bewusst sein, dass sich der auf „frischer Tat betroffene Täter" in einer psychischen Ausnahmesituation befindet, die teils **triebgesteuerte Verhaltensweisen** bedingt und der Täter somit unvorhersehbare Handlungen vornimmt, die eine besonders große Gefahr für Leben und Gesundheit der IK bedeuten können.

Um die **Verhaltensweisen von Menschen** in verschiedenen Situationen erklären zu können, sind weiterhin noch zwei zusätzliche Erklärungsansätze aus der Individualpsychologie von Bedeutung, die neben Verstand, Trieb und Gefühl menschliches Verhalten ergänzend beschreiben. Es wird zwischen dem kausalen und finalen Erklärungsansatz unterschieden. Die kausale Erklärung sucht nach den Ursachen (causa bedeutet Grund oder Ursache), während die finale Erklärung (finis bedeutet Ende, Zweck oder Ziel) den Zweck oder das Ziel menschlichen Handelns versteht.

Zusammenfassend kann festgestellt werden, dass der finale Erklärungsansatz das Verhalten von Menschen besser erklären kann, da die Absicht des Handelns besser erkannt werden kann.

4.2 Grundsätze im Umgang mit Menschen, Kenntnis von Fehlerquellen

Bedeutende Fehlerquellen im **Umgang mit Menschen** können sein:
- Überheblichkeit,
- Unbeherrschtheit,
- Unsachlichkeit,
- Übersteigertes Selbstwertgefühl.

Überheblichkeit

Unter **Überheblichkeit** wird synonym auch Hochmut, Arroganz, Blasiertheit oder Einbildung verstanden.

Den Begriff des **Hochmuts** finden wir bereits im Alten Testament bei Salomo: *„... und Hochmut kommt vor dem Fall!"* In diesem Bibelspruch kommt bereits zum Ausdruck, dass derjenige, der überheblich oder hochmütig sich über seine Mitmenschen stellt, ein nicht sozialadäquates Verhalten hat und somit von seinen Mitmenschen negativ beurteilt wird.

Hinweis

Derartiges Verhalten ist eine bedeutende **Fehlerquelle** im Umgang mit Menschen, die sich für den Sicherheits- und Interventionsdienst negativ auswirken kann, da von einem so wahrgenommenen Sicherheitsmitarbeiter erteilte Handlungsanweisungen oder Anordnungen ins Leere laufen, weil vom Gesprächspartner eine innere Barriere aufgebaut wird.

Unbeherrschtheit

Unbeherrschtheit ist eine bedeutende negative Charaktereigenschaft. Sie beschreibt die Handlung einer Person, die eine andere Handlungsalternative hätte und diese Alternative auch für besser hält, aber nicht wahrnimmt. Synonym wird auch Handeln wider besseres Wissen oder Willensschwäche gebraucht.

Beachte

Unbeherrschtheit ist für den Sicherheits- oder Interventionsdienst ein nicht tolerierbares Verhalten, da eine sachliche Argumentation ausgeschlossen wird und damit die Akzeptanz des Sicherheitsmitarbeiters verloren geht.

Unsachlichkeit

Unter **Unsachlichkeit** versteht man subjektiv voreingenommene Argumentation im Rahmen einer Kommunikation. Der Mitarbeiter im Sicherheits- oder Interventionsdienst muss im Kommunikationsverhalten immer versuchen, die Sachebene beizubehalten. Nur so wird er objektiv neutral wahrgenommen und akzeptiert.

Übersteigertes Selbstwertgefühl

Selbstwert bzw. **Selbstwertgefühl** ist die Bewertung, die eine Person von sich selbst hat.

Das Selbstwertgefühl wird von verschiedenen Faktoren bestimmt. Es resultiert aus den individuellen Fähigkeiten der Person, aus Bildung, sozialer Herkunft, Beruf und Erinnerungen, wobei diese Aufzählung der Faktoren nicht abschließend sein kann. Selbstwertgefühl resultiert immer aus einem Vergleich der eigenen Fähigkeiten mit gestellten Anforderungen und auch anderen Personen.

Ein **„gesundes" Selbstwertgefühl** ist für den Mitarbeiter im Sicherheits- und Interventionsdienst notwendig, da dies einen unmittelbaren Einfluss auf die Wahrnehmung von anderen Personen und das Kommunikationsverhalten hat. Das Selbstwertgefühl beeinflusst die

Gefühls- und Beziehungsebene bei der Kommunikation ganz erheblich, wird aber überwiegend unbewusst wahrgenommen.

Ein **übersteigertes Selbstwertgefühl** wird als Überheblichkeit wahrgenommen und schlägt in Antipathie um.

4.3 Grundsätze der Kommunikation

„Man kann nicht nicht kommunizieren!“ so lautet ein Grundsatz der Kommunikationstheorie des bekannten Kommunikationswissenschaftlers Paul Watzlawick. Mit diesem Grundsatz verdeutlicht er, dass das Gesamtverhalten von Personen im Kommunikationsprozess von Bedeutung ist, also nicht nur die Sprache.

Grundsätzlich versteht man unter **Kommunikation** einen Austausch oder die Übertragung von Informationen von einer Person zur anderen. Kommunikation stammt aus dem Lateinischen und bedeutet mitteilen, teilnehmen lassen oder gemeinsam machen, wobei schon die soziale Komponente deutlich wird.

4.4 Kommunikationsprozess[2]

Es werden beim **Empfänger** drei Vorgänge bewirkt:

1. **Wahrnehmung** mit den **Sinnesorganen**,
2. **Interpretation** mit dem **Gehirn** und
3. **Bewertung** durch das **Gefühl**.

Das **Gefühl** beeinflusst die Gesamtbewertung der „Sendung“ und die darauf folgende Reaktion häufig besonders stark.

2 Abschnitte 4.4 bis 4.11 entnommen aus *Bell u.a.*, Fachkraft/Servicekraft für Schutz und Sicherheit, Band 2, Richard Boorberg Verlag, 6. Auflage, 2017, Kap. 5.1–5.8, S. 430–440.

Person A
Sender

Person B
Empfänger

Abbildung 4: Kommunikation mit einem Kraftfahrzeugführer

4.5 Sach- und Beziehungsebene

Obwohl die Sachlage eindeutig ist, kann bei der in der Abb. 4 dargestellten Situation die Kommunikation aus dem Ruder laufen. So wie der **Sender** die Nachricht vermittelt (Wortwahl, aber insbesondere Tonart und Körpersprache), wird er wahrscheinlich beim **Empfänger** Protesthaltung hervorrufen (wie redet der mit mir, was bildet der sich ein).

Jede Kommunikation findet nämlich auf **zwei Ebenen** statt:

- der **Sachebene** und
- der **Gefühls- oder Beziehungsebene**.

Dass die Gefühls- oder Beziehungsebene den Verlauf und Ausgang des Gesprächs stärker beeinflusst als die Sachebene, verdeutlicht das **Eisbergmodell** (Abb. 5, S. 74).

Wie bei einem Eisberg, bei dem nur etwa 1/7 über der Wasserlinie und damit sichtbar ist, werden in der Sachebene greifbare Informationen und Fakten ausgetauscht. Der viel größere nicht sichtbare Teil, der als Eisberg der Titanic zum Verhängnis geworden ist, bein-

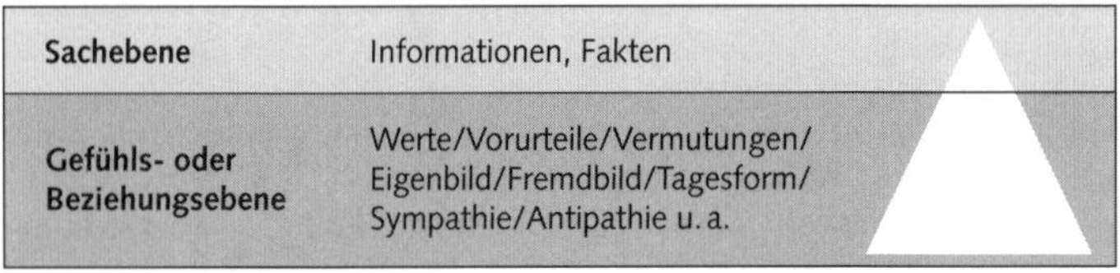

Sachebene	Informationen, Fakten
Gefühls- oder Beziehungsebene	Werte/Vorurteile/Vermutungen/ Eigenbild/Fremdbild/Tagesform/ Sympathie/Antipathie u. a.

Abbildung 5: Eisbergmodell

haltet in der Kommunikation **Gefühle** und Annahmen. Sie können einen Gesprächsverlauf positiv oder negativ beeinflussen.

Die Hauptverantwortung für eine gelungene Kommunikation liegt beim Sender! Er muss seine Sendung so verpacken, dass die Wirkung, die er bei dem Empfänger erzielt, mit seiner Absicht übereinstimmt. Könnte er nicht in der Abb. 4 **ohne ausgestreckten Zeigefinger** seine Ansprache wie folgt formulieren: *„Sie haben sicherlich das Halteverbotsschild übersehen, die Besucherparkplätze sind vor dem Hauptgebäude."* Der Adressat (der Besucher) erhält damit die Chance, sein Gesicht zu wahren und seinen kleinen Fehler einzuräumen. Wahrscheinlich würde diese Ansprache auch eine nachhaltigere Wirkung für zukünftiges regelgerechtes Verhalten bewirken.

4.6 Sprachliche und nichtsprachliche Signale

Wie in den Ausführungen zu den soziokulturellen Normen, erster Eindruck sowie Sach- und Beziehungsebene dargestellt, spielen in der menschlichen Kommunikation die nichtsprachlichen Signale und dabei insbesondere die **Körpersprache** eine große Rolle. Fremde Körpersprache richtig deuten und eigene Körpersprache zweckmäßig einsetzen sind wesentliche Bausteine der Kommunikation:

- Körpersprache ist nicht nur der aktive Bereich von Mimik und Gestik, sondern auch der **äußere Eindruck**. Hierzu gehören Figur, Körperhaltung und Kleidung.
- Ein **aufrechter Gang** zeigt Wohlbefinden und Selbstvertrauen. Körpersprache macht Gefühle sichtbar.

- Gestik und Mimik zeigen meistens **unbewusst**, was wir wirklich fühlen oder denken.
- Bei der Deutung der Körpersprache muss die **ganze Person** gesehen werden: Hat jemand die Arme über der Brust verschränkt, heißt das noch nicht, dass er „abblockt". Erst die zusätzliche Beurteilung seiner Mimik und der Beinstellung können etwas über seine Gefühle und Gedanken aussagen.
- Wer Körpersprache **vortäuschen** will, muss perfekt sein. Körperhaltung, Gestik, Mimik und das gesprochene Wort müssten deckungsgleich sein. Das erfordert eine hohe Selbstbeherrschung.
- Besser ist eine **„ehrliche Körpersprache"**, bei der Körperhaltung, Gestik und Mimik wirklich zu dem Inhalt der Worte passen. Die Kommunikation ist glaubhaft.

Sprachliches Signal	– Wortwahl – Wortinhalt (verbal)	Anteil an der Kommunikation: **ca. 10 %**
Nichtsprachliches Signal	– äußere Erscheinung (extraverbal) Kleidung, Aussehen, Möblierung etc. – Körpersignale (nonverbal) – Körpergröße, Körperhaltung, Blickrichtung, Augenkontakt, Kopfhaltung, Kopfbewegung, Mimik, Gestik, persönliche Distanz – stimmliche Signale (paraverbal) Tonhöhe, Tonfall, Ausdruck, Lautstärke, Sprech-Geschwindigkeit	Anteil an der Kommunikation: **ca. 90 %**

Abbildung 6: Gegenüberstellung der sprachlichen und nichtsprachlichen Signale

4.7 Kommunikationsmodelle

Kommunikationsmodelle helfen eigene und fremde Kommunikation verständlicher, durchschaubarer und nachvollziehbarer zu machen. Bei bewusster Anwendung kann auch in Konfliktsituationen angemessener kommuniziert werden. Zwei bekannte Kommunikationsmodelle sind:

- die Transaktionsanalyse (nach E. Berne),
- die vier Seiten einer Nachricht (nach Schulz von Thun).

4.7.1 Transaktionsanalyse

Die **Transaktion** ist das Senden einer Mitteilung von einer Person zu einer anderen. **Die Analyse** ist die Untersuchung, aus welchem Verhaltenszustand die Mitteilung erfolgt. Die Transaktionsanalyse (TA) geht davon aus, dass in jedem Menschen, egal welchen Alters, drei Verhaltenszustände vorhanden sind.

Der momentan vorhandene **„Ich-Zustand“** prägt das Verhaltensmuster. Situationsabhängig und persönlichkeitsbedingt sind bei den Menschen unterschiedliche „Ich-Zustände“ dominant. Der jeweilige „Ich-Zustand“ ist weder gut noch schlecht; es geht darum, ihn zu erkennen und ggf. bewusst anzuwenden, um den beruflichen Auftrag zu erfüllen.

Eltern-Ich (EL)

Das Eltern-Ich kennzeichnet das Verhalten, in dem wir **als Eltern** oder Elternvertreter (Erzieher, Lehrer, Ausbilder) mit anderen Menschen umgehen, entweder **fürsorglich** (ums Wohl des Anvertrauten bemüht) oder **kritisch** (tadelnd, erzieherisch wirkend). Wir können darauf schließen, dass ein Mensch aus seinem Eltern-Ich heraus agiert oder reagiert, wenn er sich anderen gegenüber z. B.

- vorwurfsvoll,
- belehrend,
- rechthaberisch,
- moralisierend,
- befehlend,
- voreingenommen,

- ermahnend oder auch
- fürsorglich verhält.

Solche Verhaltensweisen werden meistens (unbewusst) von einer entsprechenden Mimik und Gestik begleitet (z. B. Stirnrunzeln, hochgezogene Augenbrauen, ausgestreckter Zeigefinger, in die Seite gestemmte Arme). Sprachliche Indizien, die auf das Eltern-Ich schließen lassen, sind Redewendungen wie:

- *„Du musst immer daran denken, dass …“*
- *„Wie oft habe ich dir schon gesagt, dass …“*

Erwachsenen-Ich (ER)

Das Erwachsenen-Ich kennzeichnet das Verhalten, bei dem wir den anderen Menschen **als Partner** betrachten. Wir haben einen eigenen Standpunkt, respektieren aber auch andere Ansichten. Ruhiges, **sachliches**, überlegtes und auch freundliches **Verhalten** sind Merkmale für ein Handeln aus dem Erwachsenen-Ich heraus. Mimisch wird dies deutlich durch ein offenes, interessiertes, dem Gesprächspartner zugewandtes Gesicht. Die entsprechende Gestik ist durch Zuwendung und eine dem Gesprächspartner „geöffnete“ Körperhaltung gekennzeichnet.

Sprachliche Indizien sind zum einen Fragewörter, wie z. B. warum, was, wie …, die ein Interesse an Aufklärung signalisieren, aber auch Äußerungen wie z. B. ich denke, ich glaube, möglicherweise …, denn diese Äußerungen zeigen, dass nicht emotional reagiert wird oder ein Standpunkt als Absolutum gesetzt wird.

Kindheits-Ich (K)

Das Kindheits-Ich kennzeichnet das Verhalten, das überwiegend von Gefühlen bestimmt wird und **für Kinder typisch** ist. Entweder ist das Verhalten **angepasst** (der andere ist erfahrener, klüger, mächtiger) oder es ist **rebellisch** bzw. natürlich (ich kann das selbst entscheiden). Aggressives, imponierendes, neugieriges, beleidigtes, impulsives, liebevolles Verhalten entspringen dem Kindheits-Ich. Auch dieses Verhalten ist immer mit bestimmter Mimik und Gestik verbunden. Diese äußert sich z. B. durch Tränen, Grimassen schneiden, herabgezogene Mundwinkel, kichern, lachen, mit dem Fuß aufstampfen, hilflos mit den Achseln zucken, verlegen oder nervös an den Fingernägeln kauen. Sprachliche Indizien, die auf das Kindheits-Ich schließen lassen, sind z. B.:

- *„Ich will auch so etwas haben!"*
- *„Ich kann das aber nicht!"*
- *„Macht doch, was ihr wollt!"*

Kommunikationsverläufe nach der TA

Hiermit sind die **Prinzipien** gemeint, nach denen Kommunikationen verlaufen bzw. nach denen auf einen Reiz (eine Aktion) eine bestimmte Reaktion (zwangsläufig) erfolgt. Zu unterscheiden sind drei Kommunikationsverläufe:

- Parallel-Transaktion,
- Überkreuz-Transaktion,
- Verdeckte Transaktion.

Parallel-Transaktion

Sie liegt vor, wenn beide Personen aus dem **gleichen** „Ich-Zustand" kommunizieren.

Abbildung 7: Beispiele der Parallel-Transaktion

Diese Kommunikationsverläufe sind grundsätzlich unproblematisch. Möglich ist auch eine **schräg verlaufende parallele** Kommunikation:

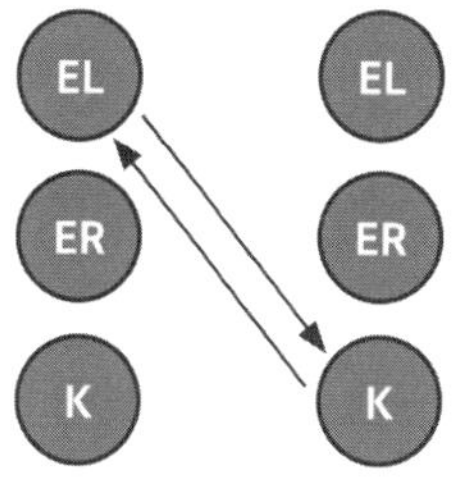

Diese Art der Transaktion verläuft entweder aus dem kritischen EL und dem angepassten K oder dem fürsorglichen EL und dem nach Trost und Zuwendung suchenden K.
Dieser Kommunikationsverlauf ist zunächst unproblematisch, kann aber auf Dauer zu einem Konflikt führen (Gefahr der Abhängigkeit).

Abbildung 8: Kommunikationsverlauf einer Transaktion

Überkreuz-Transaktion

Eine Überkreuzkommunikation führt zu Konflikten!

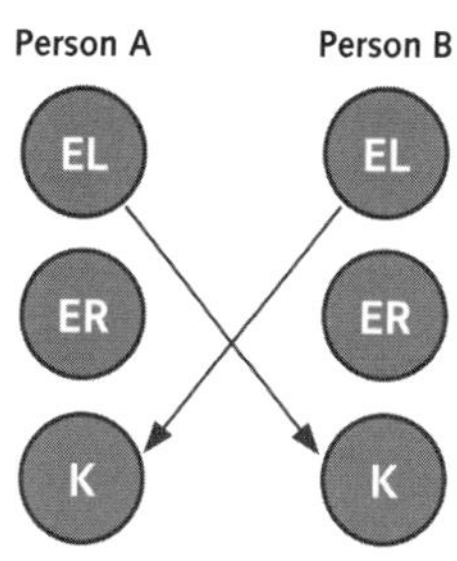

Person A hält die von Person B geäußerte Ansicht für völlig abwegig und sagt daraufhin (aus dem „kritischen EL"):
„Sie haben aber komische Ansichten!"
Es wird das „angepasste K" der Person B angesprochen.

Person B will aber nicht in diesem „Ich-Zustand" angesprochen werden, reagiert aus dem „rebellischen K" und wechselt ihrerseits in das „kritische EL" mit folgender Erwiderung:
„Sie müssen meine Ansichten nicht teilen!"

Abbildung 9: Beispiel Überkreuz-Transaktion

Besser wäre eine **Parallel-Kommunikation** zu demselben Beispiel:

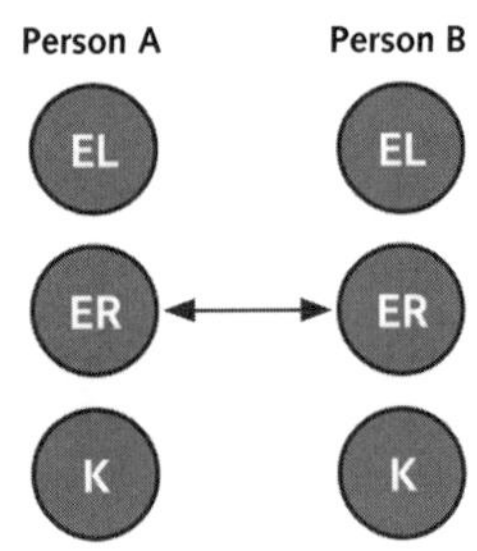

Person A: *„Ich verstehe Ihre Ansicht nicht!"*

Person B: *„Ich kann sie Ihnen gern erklären!"*

Abbildung 10: Beispiel Parallel-Kommunikation

Verdeckte Transaktion

Eine sehr beliebte, aber gefährliche Art der Kommunikation ist der Umgang mit **verdeckten** Transaktionen. Hinter der offenen (scheinbar gesellschaftsfähigen) Aussage verbirgt sich eine weitere Botschaft, die verbal nicht ausgesprochen, aber beim Gegenüber wahrgenommen werden soll und wird.

Beispiel

Person A (zu der zu spät kommenden Kollegin B): *„Kannst Du mir sagen, wie spät es ist?"* Reaktion der Person B: *„Jetzt nerv' mich nicht auch noch!"*

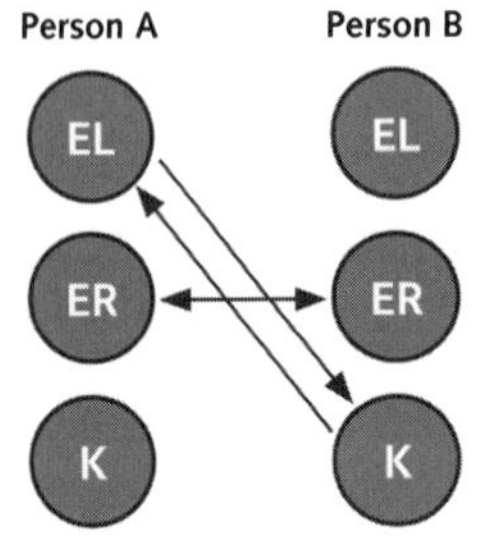

Person A stellt scheinbar aus dem ER heraus an das ER von Person B gerichtet die Frage nach der Uhrzeit, will aber eigentlich aus dem kritischen EL heraus ihr sagen, dass sie wieder zu spät kommt.

Person B erkennt diese verdeckte Botschaft und reagiert aus dem rebellischen (natürlichen) K.

Abbildung 11: Verdeckte Transaktion

Wie eingangs zu den Erläuterungen der Transaktionsanalyse herausgestellt, gibt es keinen „guten“ oder „schlechten“ Ich-Zustand; es kommt darauf an, in der Eigen- und Fremdwahrnehmung den jeweiligen **Ich-Zustand** zu **erkennen** und ihn ggf. bewusst im eigenen Verhalten und in der Kommunikation zu wechseln.

Merke

Ein Mensch, der aus allen Transaktionen erfolgreich hervorgeht, tut das nicht zufällig. **Anzustreben** ist insbesondere in der beruflichen Aufgabenwahrnehmung ein **Verhalten aus dem Erwachsenen-Ich**.

Falls aber trotz partnerschaftlichen Verhaltens und sachlicher, verständlicher Erklärung bestimmter Kontrollmaßnahmen keine Einsicht bei dem Kunden zu erreichen ist, kann ein gezieltes Wechseln in das kritische Eltern-Ich mit einer klaren unmissverständlichen Ansprache, unterstützt durch eine entsprechende Körpersprache, einen Sinneswandel herbeiführen. Es muss aber immer möglich sein, zu einem partnerschaftlichen Verhalten zurückzukommen.

4.7.2 Vier-Seiten-Modell

Das Modell **„Vier Seiten einer Nachricht“** geht davon aus, dass in einer Nachricht vier unterschiedliche Bereiche bewusst oder unbewusst angesprochen werden können. Es ist besonders geeignet, Kommunikationsstörungen nachzuvollziehen und verdeckte Botschaften zu erklären. Wenn also wie im Beispiel verdeckte Transaktion (Abbildung 11) die zu spät kommende Kollegin nach der Uhrzeit gefragt wird, geht es zunächst um eine Zeitfeststellung und den Appell, die Uhrzeit zu benennen (siehe auch Abbildung 5, Kapitel 4.5 Eisbergmodell – Sachebene). Gleichzeitig lässt aber der Fragesteller durchblicken, was er von der Kollegin hält und wie er sich selbst sieht (siehe Eisbergmodell – Gefühls- oder Beziehungsebene).

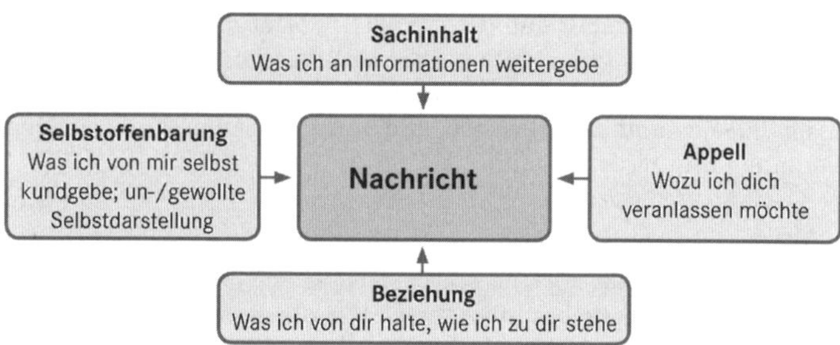

Abbildung 12: Die vier Seiten einer Nachricht

So wie der Sender eine Nachricht mit vier Seiten versieht, empfängt der **Adressat** „vierohrig".

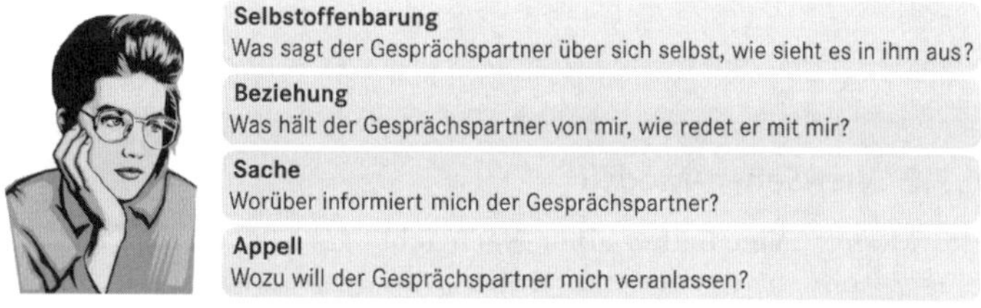

Abbildung 13: „Vierohrig" eine Nachricht empfangen

Wer nur mit dem **Sachohr** hört, aber keine Beziehung und Gefühle einfließen lässt, wird kaum eine positive Kommunikation erlangen. Wer nur mit dem **Appellohr** hört, also es nur dem anderen recht machen will und seine eigene Persönlichkeit nicht einbringt, der wird leicht zum bloßen Befehlsempfänger. Das **Beziehungsohr** ist ganz besonders empfindlich. Es können kaum Gespräche ohne diese Ebene gestaltet werden. Sie ist für eine Behandlung oder „Misshandlung" des Gesprächspartners verantwortlich.

Wer rechtzeitig mit dem Selbstoffenbarungsohr empfängt und sprachlich auf die Gefühle seines Gesprächspartners eingeht, wird spannungsgeladene Situationen leichter normalisieren können.

4.8 Selbstsichere Ich-Botschaft

„Ich-Botschaften" sind ein Kommunikationsstil, bei dem der Gesprächspartner tatsächlich Partner ist. Sie sind fester Bestandteil der **Kommunikation aus dem Erwachsenen-Ich**. Im Gegensatz zu „Du-Botschaften" versuchen sie nicht, dem anderen zu sagen, was er zu tun und zu lassen hat, sondern sie respektieren seine Autonomie. „Ich-Botschaften" drücken die **eigenen Gefühle und Gedanken** aus, ohne dass der Gesprächspartner bevormundet wird. Er bleibt in seiner Entscheidung frei. „Ich-Botschaften" geben Rückmeldungen und zeigen Konsequenzen auf. Sie machen berechenbar und tragen zur Konfliktlösung bei, weil keiner über den anderen zu herrschen versucht.

In **Konfliktgesprächen** sollten drei **Aussagen** enthalten sein:

- **Verhaltensaussage**, d. h. Beschreibung des störenden Verhaltens,
- **Gefühlsaussage**, d. h. Verbalisierung des eigenen Gefühls und des Gefühls anderer Betroffener, und
- **Wirkungsaussage**, d. h. Formulierung der gewünschten Verhaltensänderung und ggf. Aufzeigen der Konsequenzen.

„Du-Botschaften"	„Ich-Botschaften"
– Da täuschen Sie sich aber ... – Sie haben nicht richtig mitgedacht ... – Unmöglich, das geht nicht ... – Das ist eine falsche Sichtweise ...	– Ich sehe das anders ... – Ich wiederhole noch mal meinen Hinweis ... – Ich denke, das wird große Probleme geben ... – Aus meiner Sicht betrachtet ...

Abbildung 14: Gegenüberstellung der „Du-und-Ich-Botschaften"

4.9 Aktives Zuhören

Aktives Zuhören fördert die Kommunikation:

- **Blickkontakt**; signalisiert Selbstsicherheit und Interesse.
- **Ausreden lassen**; unnötige Fragen werden vermieden.
- **Gesprächsbegleiter**; „mhm“ o. Ä. signalisiert Aufmerksamkeit.
- **Offene Körperhaltung**; Signal der Aufmerksamkeit und Wertschätzung.
- **Verständnisfragen**; lenken das Gespräch und zeigen Aufmerksamkeit.
- **Wiederholung mit eigenen Worten**; signalisieren, dass man versteht.
- **Reizwörter**; überhören, sie lenken vom Thema ab.
- **Einfühlungsvermögen**; auf die Gefühlsebene des Partners eingehen.
- **Zuhören können**; Monologe und Gesprächspausen „ertragen“, damit der Sprecher seinen Gedanken zu Ende führen kann und so eventuelle Problemlösungen selber findet (Motivieren durch Zuhören).

4.10 Argumentation

Argumentation – Dreisatztechnik

Argumentation dient der Überzeugung des Partners. Die Argumente müssen schlüssig, geordnet und in Einleitung und Ziel eingebettet sein.

Planungsphase:

- **Ziel** (was will ich erreichen?)
- **Argumente** (wie begründe ich das?)
- **Einleitung** (wie, wann, wo eröffne ich das Gespräch?)

Ausführung:

- **Einleitung**
- **Argumente**
- **Ziel**

Hinweise

Arbeiten Sie **maximal** mit **drei** Argumenten. Weitere gehen verloren.

- Reihenfolge: zunächst mittelstarkes, dann schwächeres und abschließend das stärkste Argument anbringen.
- Die Argumente sollen den Partner überzeugen, nicht Sie selbst. Welchen Nutzen hat der Partner davon?
- Nennen Sie deutlich das Ziel.
- Sprechen Sie in klaren, kurzen, gegliederten Sätzen.

4.11 Gesprächsführung – Gesprächstechniken

Eine fundamentale Erkenntnis liegt in der Feststellung:

„Wer fragt, der führt das Gespräch!“

Durch geschickte Fragestellung kann man das Gespräch lenken. Man zeigt Interesse an seinem Gesprächspartner, kann die Gefühlsebene positiv beeinflussen und Informationen gewinnen.

Grundsätzlich wird zwischen offenen und geschlossenen Fragen unterschieden.

Offene Fragen (wer, was, wie, warum usw.) entlocken mehr Informationen, geschlossene Fragen können nur vorgegeben alternativ beantwortet werden (ja oder nein, schwarz oder weiß usw.) und grenzen ein. Sie sind geeignet, einen Partner zu einer präzisen Aussage oder Stellungnahme zu veranlassen.

Die gezielte Anwendung unterschiedlicher Frageformen kann z. B. bei Begründung erforderlicher Sicherheitsmaßnahmen, bei betrieblichen Ermittlungen, aber auch in der rhetorischen Deeskalation hilfreich sein.

Weitere Unterscheidungen (keine abschließende Aufzählung):

Rhetorische Frage

Es ist eine Frage, die offensichtlich keiner Antwort bedarf.

Beispiel im Veranstaltungsdienst (ein Besucher will sich keiner Taschenkontrolle unterziehen lassen): *„Sind Sie nicht auch für einen sicheren Verlauf der Veranstaltung?"*

Suggestivfrage

Sie enthält eine Behauptung, die einen unsicheren Gesprächspartner in eine bestimmte Richtung lenken soll.

In Anlehnung an obiges Beispiel: *„Wenn alle Besucher gern und freiwillig ihre mitgebrachten Taschen und Rucksäcke öffnen, wollen Sie doch wohl nicht eine Ausnahme machen?"*

Fangfrage

Sie kann z.B. durch das Aufstellen falscher Alternativen gestellt werden, zum Beispiel in einer Zeugenvernehmung, um die Glaubwürdigkeit zu testen: *„Hatte der Täter schwarzes oder eher blondes Haar?"* Tatsächlich hatte der Täter eine Glatze. Ein anderes Beispiel: Man weiß, dass der Gefragte keinen Führerschein hat. Um zu erfahren, ob er trotzdem gefahren ist, fragt man ihn, ob er gleich einen Parkplatz gefunden hat.

Motivfrage

Sie soll den Antrieb des Gesprächspartners erkunden. Beispiel: *„Warum wollen Sie den Besucherschein nicht ausfüllen?"*

Motivationsfrage

Sie soll den Gesprächspartner zu einem bestimmten Verhalten veranlassen. Beispiel Personalgespräch: *„Welche beruflichen Perspektiven können Sie sich in unserer Firma vorstellen?“*

Alternativfrage

Sie ist eine typische geschlossene Frage. Durch die Vorgabe von zwei oder mehreren Alternativen wird der Entscheidungsfreiraum suggeriert (siehe auch Fangfrage).

Gegenfrage

Durch die Rückgabe einer Frage wird eine Präzisierung oder ein Nachdenken des Fragestellers über den Grund seiner Frage eingefordert. Beispiel: *„Wie meinen Sie das?“* oder *„Was wollen Sie mit dieser Frage bezwecken?“*

Bei einer **Kommunikation in Konfliktsituationen** helfen die folgenden Regeln:

- Kontrolle der eigenen Emotionen, Ruhe bewahren;
- bei der Bewertung einer möglichen Beleidigung, Provokation berücksichtigen, also ob die eigene Person oder eher die Funktion getroffen werden sollte;
- eigene Empfindungen herausstellen (z. B.: *„Ich fühle mich von Ihnen unter Druck gesetzt!“*);
- durch Fragen den Gesprächspartner zum Nachdenken und in Erklärungszwang bringen;
- aktiv zuhören;
- Gleichwertigkeit der Gesprächspartner herausstellen;
- Sachverhalt klären;
- durch Argumentation den eigenen Standpunkt, den beruflichen Auftrag verdeutlichen;
- möglichst einen für beide Seiten positiven Abschluss finden;
- kommt es zu keiner Einigung, eventuell Vermittler einschalten.

Ergänzend zu den vorgenannten Regeln können Gesprächstechniken hilfreich sein, verbale Konfliktsituationen gelassen durchzustehen.

In der Fachliteratur und in Fachseminaren werden zahlreiche Gesprächstechniken angeboten. Zwei auch in Konfliktsituationen sehr wirksame Techniken werden hier vorgestellt:

Die **Gesprächstechnik „Schallplatte mit Sprung“** kommt in Betracht, wenn die „gute“ Kommunikation (siehe Kommunikationsmodelle, Dreisatztechnik, „Ich-Botschaft“) vom Gesprächspartner unterlaufen wird und er beispielsweise vorgeschriebene Kontrollen nicht akzeptieren will:

- Beharrliche Wiederholung eines Standpunktes bzw. einer Aufforderung, von dessen bzw. deren Richtigkeit man überzeugt ist, bis das eigene Ziel erreicht ist;
- nicht auf Argumente (Scheinargumente, Ausflüchte) des Gesprächspartners eingehen.

Die **„Vernebelungstechnik“** kommt insbesondere in Betracht, wenn der Gesprächspartner versucht, durch abwertende Äußerungen zu provozieren oder zu beleidigen:

- Verbale „Tiefschläge“ löschen, indem man sie aufgreift und aus der Sicht des anderen bestätigt;
- keine Angriffsfläche bieten, so dass der andere die Lust an der Provokation verliert;
- **Beispiel**: *„Sie verweisen nur auf Ihre Vorschrift, Flexibilität ist nicht gerade Ihre Stärke.“ „Das mag für Sie so aussehen, meine Aufgabe ist aber, auf Einhalt der Vorschrift zu achten!“*

5. Technische Hilfsmittel und Kommunikationstechnik

Anforderungen an Interventionskräfte

IK sind Teil eines wirkungsvollen **Einbruchsschutzes** und der damit verbundenen Schadensverhütung bzw. Schadensbegrenzung. Sicherheitstechnik ist nur dann wirkungsvoll, wenn sie in Verbindung mit personellen Maßnahmen zum Einsatz kommt. IK kommt dabei besondere Bedeutung zu, da sie im Rahmen der Alarmverfolgung in der Regel zuerst am „Tatort" eintreffen und dort als vorrangiges Ziel **Schadensbegrenzung** betreiben. Sollte ein Täter noch am Tatort betroffen oder verfolgt und ohne Eigengefährdung der IK vorläufig festgenommen werden, dann ist dies ein ganz besonderer Erfolg des Interventionsdienstes.

5.1 Sicherungseinrichtungen

5.1.1 Sicherung des Freigeländes

Die mechanische **Grundsicherung** eines Gebäudes beginnt mit der **Zaunanlage** oder einer **Mauer**. Mit der Einfriedung eines Grundstücks mit Zaun oder Mauer wird eine deutliche Abgrenzung geschaffen, die nicht nur eine sichtbare Barriere für einen möglichen Eindringling darstellen soll. Bereits ein einfacher Lattenzaun stellt schon eine einfache **Grundsicherung** für ein Grundstück dar, da er geeignet ist, beispielsweise Tiere vom Grundstück fernzuhalten. Der einfache ca. 1 m hohe Lattenzaun hat natürlich keinen größeren Sicherungswert, ist jedoch eine sichtbare Barriere, die jedem Unberechtigten anzeigt, dass er ein fremdes Grundstück betritt und damit rechtlich einen Hausfriedensbruch begeht.

Holzzaun

Einfriedungen aus Holz im mitteleuropäischen Raum entstanden mit den ersten Siedlungen. Holzzäune können auch sehr massiv gebaut werden, indem ganze Baumstämme als Zaunelemente dienen. Sie haben somit auch einen sehr viel höheren Schutzwert (z. B. Limes). Dieser Schutz kann durch das Anbringen von Stacheldraht als Übersteigschutz noch deutlich erhöht werden. Die dekorativen Gestaltungsmöglichkeiten mit einem Holzzaun sind sehr vielfältig und regional unterschiedlich, hinsichtlich Höhe und Beschaffenheit können die Kommunen dazu Satzungen erlassen.

Metallzaun

Wissenswert für die IK ist, dass in der Regel die üblich verbauten Holzzäune nur einen ungenügenden Einbruchsschutz darstellen. Eine geeignete Absicherung eines Geländes beginnt mit einem **Metallzaun**. Einfachste Absicherung ist ein mindestens ca. 2,5 m hoher Maschendrahtzaun. Beim **Maschendrahtzaun** sollte die Maschenweite nicht mehr als 5 cm betragen, da ansonsten kein Übersteigschutz mehr gegeben ist. Der Drahtdurchmesser sollte mindestens 3 mm betragen und das Drahtgeflecht mit Spanndrähten stabilisiert sein.

Hinweis

Anzumerken ist an dieser Stelle jedoch, dass der Maschendrahtzaun mit handelsüblichen Werkzeugen, wie Kombizange oder Seitenschneider, problemlos durchtrennt werden kann. Dem Maschendrahtzaun kommt daher als mechanische Sicherungseinrichtung lediglich die Erhöhung des sogenannten **Widerstandszeitwertes** für das Schutzobjekt zu.

Ein **Stahlgitterzaun** mit einer Gitterstabstärke von ca. 5 mm und einer Maschenweite von maximal 50 mm stellt eine durchaus brauchbare Grundstücksabsicherung dar, insbesondere dann, wenn auf dem Zaun noch ein Übersteigschutz angebracht ist.

Stahlprofilrahmen-, Streckmetall- und Drahtgitterzaun sind allesamt zur Grundstücksabsicherung geeignet. Sie unterscheiden sich lediglich in technischer Ausführung hinsichtlich Materialstärke, Verschweißung oder Verschraubung.

Für die mechanische Grundsicherung von Grundstücken mit Zäunen sollten folgende **Anforderungen** beachtet werden:

- die **Zaunhöhe** sollte mindestens 2,5 m betragen;
- die **Zaunführung** sollte möglichst geradlinig verlaufen;
- der **Übersteigschutz** sollte abgewinkelt zur Außenseite hin angebracht sein, dabei ist zu beachten, dass der Übersteigschutz nicht die Grundstücksaußengrenze überschreitet;
- die **Zaunpfosten** sollten nicht mehr als 3 m auseinander stehen;
- die **Verschraubungen** oder sonstigen Zaunverbindungen sollten nur auf der Zauninnenseite angebracht sein und nicht mit herkömmlichem Werkzeug zu öffnen sein.

Zauntore

Für die **Zauntore** sind die gleichen Sicherungsanforderungen zu beachten. Das Tor ist in Größe und Beschaffenheit dem umgebenen Zaun anzupassen. Bei den Toren kommt der mechanischen Schließung nochmals besondere Bedeutung zu. Die **Schlösser** sind so anzubringen, dass ein Aufhebeln mit einfachem Werkzeug nicht möglich ist. Dabei ist der Übergang von Zaun zum Tor von besonderer Relevanz. Hier darf kein größerer Spalt vorhanden sein, der das Ansetzen eines Hebelwerkzeugs ermöglicht!

Mauer

Die **Mauer** stellt ebenso wie der Zaun eine mechanische Absicherung eines Grundstücks dar. Hinsichtlich der Höhe sollten 2,5 m nicht unterschritten werden. Eine Mauer in dieser Höhe braucht natürlich ein solides Fundament und entsprechende Wandstärke. Somit stellt die Mauer ein **Bauwerk** im baurechtlichen Sinne dar und bedarf einer entsprechenden Genehmigung. Da die Baukosten weit höher sind als bei einem Zaun, werden Mauern als Grundstücksabsicherung heute nur sehr wenig eingesetzt. Bei solider baulicher Ausführung bieten sie jedoch über Jahrzehnte einen effektiven Schutz, insbesondere dann, wenn sich auf der Mauerkrone noch ein zusätzlicher Übersteigschutz befindet.

Perimeterüberwachung

Für Sicherungsobjekte, die einen erhöhten Schutzbedarf benötigen, kann zusätzlich eine sogenannte **Perimeterüberwachung** in die Sicherungsmaßnahmen integriert werden. Unterschiedliche Meldesysteme können über **Sensoren** potenzielle Gefahren detektieren. Die Perimeterüberwachung stellt eine sinnvolle Ergänzung mechanischer Sicherungssysteme dar. Sie ist jedoch relativ teuer und bedarf der zusätzlichen Kontrolle mit einer **Videoüberwachung**, da Fehlalarme auf Grund äußerer Einflüsse möglich sind. Fehlalarme werden häufig von Tieren und aufgrund von Witterungseinflüssen ausgelöst. Die Perimeterüberwachung kommt daher fast ausschließlich dort zum Einsatz, wo bereits eine permanent besetzte **Sicherheitszentrale** vorhanden ist. Die Perimeterüberwachung kann sowohl in der Bodenzone, in der Freilandzone als auch an den Zäunen direkt erfolgen. Als **Melder** haben sich Mikrowellenschranken, Infrarotschranken, Druckmelder und Körperschallmelder bewährt. Entscheidend für die jeweilige Detektion sind die räumlichen Gegebenheiten des Schutzobjektes.

5.1.2 Einbruchhemmende Türen

Hinweis

Türen und **Fenstern** kommt bei der Bewertung des Einbruchsschutzes besondere Bedeutung zu. Auswertungen der Kriminalstatistiken zeigen, dass die überwiegende Anzahl der Wohnungseinbrüche durch Aufhebeln der Fenster und überwiegend Hauseingangs-, Wohnungseingangs- und Terrassentüren erfolgen.

Ziel eines wirkungsvollen Einbruchsschutzes muss es sein, Türen so abzusichern, dass ein gewaltsames Eindringen in den Schutzbereich zumindest zeitlich erheblich erschwert wird. Dieser zeitliche Aspekt, **Widerstandswert** genannt, ist für den potenziellen Täter enorm wichtig, denn er will schnellstmöglich in das Schutzobjekt eindringen, um die eigene Gefahr des Entdeckens zu minimieren. In vielen

Fällen gibt der Täter seine weitere Tatausführung auf, sobald er erkennt, die Schutzeinrichtung nicht überwinden zu können.

Die Sicherheitswirtschaft hat die **einbruchhemmende Wirkung** einer Tür anhand der Europäischen Norm DIN EN 1627 klassifiziert. In dieser Norm werden die **Widerstandsklassen** einbruchhemmender Türen neu bezeichnet, und zwar nunmehr als **RC 1–RC 6** „Resistance Classes“ gegenüber der früheren deutschen Bezeichnung WK 1–WK 6. Die Klassifizierung RC 1N bis RC 3 soll **Schutz vor Gelegenheitstätern** bieten, während die aufsteigenden Klassen bis RC 6 erfahrenen und **professionellen Tätern** Widerstand leisten sollen.

Die Widerstandsklassen sind **praxisorientiert** und berücksichtigen die unterschiedlichen **Täterprofile**:

- Bis zur Widerstandsklasse **RC 3** orientiert man sich am Gelegenheitstäter, der häufig mit dem benutzten Einbruchswerkzeug (z. B. großer Schraubendreher, Brecheisen) innerhalb von ca. fünf Minuten die Tür öffnen kann.
- Ab der Widerstandsklasse **RC 4** stehen einem Täter, der höheres Risiko und Lärm in Kauf nimmt, weitere Werkzeuge, wie Bolzenschneider, Axt, Hammer und Akkubohrer, zur Verfügung.
- Die Widerstandsklassen **RC 5** und **RC 6** sind auf den erfahrenen und organisierten Einbrecher zugeschnitten, der bei seinem Einbruch eine hohe Beute erwartet und auch keinen Lärm scheut, indem er leistungsstarke Elektrowerkzeuge wie Loch- und Stichsägen, Bohrer und große Winkelschleifer einsetzt. Der Widerstandswert dieser Türen muss mindestens 15–20 Minuten betragen.

5.1.3 Einbruchhemmende Fenster

Für einen wirkungsvollen Einbruchsschutz sind **einbruchhemmenden Fenster** von besonderer Bedeutung. Funktionsbedingt sind Fenster wegen der Glaselemente und zusätzlicher Öffnungsmöglichkeiten schwerer abzusichern als Türen.

DIN EN 1627: *„Einbruchhemmung ist die Eigenschaft eines Fensters (Türe, Vorhangfassade, Gitter oder Abschluss), dem Versuch, sich gewaltsam Zutritt in den zu schützenden Raum oder Bereich zu verschaffen, Widerstand zu leisten."*

Der **Widerstand für Fenster** wird anhand der Richtlinie AhS-Beschlag der Gütegemeinschaft Schlösser und Beschläge in Velbert, der Europäischen Normen DIN EN 1627 bis 1630 und der VdS-Richtlinie 2534 für einbruchhemmende Fassadenelemente klassifiziert.

Wie bereits einleitend erwähnt, sind Fenster konstruktionsbedingt relativ schwer zu sichern. Die Dreh- und Drehkippbeschläge des Fensters bieten eine Angriffsfläche zum Aufhebeln. In der Richtlinie 3/II AhS-Beschlag der Gütegemeinschaft Schlösser und Beschläge wird daher eigens eine Aushebel-Schutz-Prüfung für die genannten Beschläge durchgeführt.

5.1.4 Angriffshemmende Verglasung

Die Norm DIN EN 1627 ist hinsichtlich der Widerstandsklassen für Türen, wie bereits beschrieben, identisch. Wichtig für den Einbruchsschutz sind **angriffshemmende Verglasungen** nach der Norm DIN EN 356. Diese Norm stellt eine sinnvolle Ergänzung zu den aufgeführten Widerstandsklassen dar. Beim Verbundsicherheitsglas wird nach folgenden **Eigenschaften** unterschieden:

- durchwurfhemmend,
- durchbruchhemmend,
- durchschusshemmend,
- sprengwirkungshemmend.

Als **durchwurfhemmend** wird eine Verglasung klassifiziert, wenn mit einfacher körperlicher Gewalt geworfene oder geschleuderte Gegenstände die Glasscheibe nicht durchdringen können. Die DIN EN 356 sieht gegen Durchwurf fünf Widerstandsklassen vor. Dabei korrelieren die Widerstandklassen der Verglasung P4A und P5A mit den Klassen RC 2 und RC 3.

Durchbruchhemmende Verglasungen beginnen mit der Widerstandsklasse P6B und enden mit der Einstufung nach P8B. Diese Einstufung ist dann identisch mit der Widerstandsklasse RC 6 der DIN EN 1627.

Zur Beschaffenheit des **Verbundsicherheitsglases** ist anzumerken, dass die Schutzwirkung des Glases durch die Kombination von Glas und PVB-Folie (Polyvenyl-Butyral-Folie) zustande kommt. Die PVB-Folie hat eine große Reißfestigkeit und bei Bruch die Eigenschaft, Glassplitter an die Folie zu binden. Je nach Kombination von Folie und Glasschicht kann die Schutzwirkung der Glasscheibe enorm gesteigert werden.

Durchschusshemmende Verglasung wird nach der DIN EN 1063 eingeteilt. Die Schutzwirkung gegen Durchschuss wird aufgrund der speziellen Zusammensetzung des Glases erreicht. Hier ist insbesondere der Glasanteil für die Schutzwirkung maßgeblich, während die PVB-Folie dem Zusammenkleben der Glasscheiben in einem speziellen Herstellungsverfahren dient. Es kann eine Schutzwirkung bis einschließlich der Gewehrpatrone 7,62 × 51 mm mit Hartkerngeschoss erreicht werden.

Für **sprengwirkungshemmende** Verglasung sind die Anforderungen in der DIN EN 13123/13124 festgelegt.

Brandschutzverglasungen sind Elemente mit einem oder mehreren lichtdurchlässigen Elementen, deren Klassifizierung in DIN 4102 normiert ist. Für die jeweilige Normierung werden nicht nur die lichtdurchlässigen Bauteile geprüft, sondern auch die dazugehörenden Halterungen, Dichtungen und Befestigungsmittel, da nur das Bauteil insgesamt brandschutztechnisch eingestuft werden kann. Hinsichtlich der Brandschutzwirkung werden zwei Brandschutzklassen unterschieden: **F-** und **G-Verglasungen**.

Wichtig zu wissen ist, dass die Baubehörden der Bundesrepublik Deutschland nur Brandschutzverglasungen zulassen dürfen, die der genannten DIN entsprechen. Für den jeweiligen Einbau der Verglasungen ist maßgeblich von Bedeutung, ob eine nur feuerhemmende oder aber feuerbeständige Verglasung gefordert wird.

5.1.5 Schlösser und Schließanlagen

Das sogenannte **Zylinderschloss** ist die mit Abstand bevorzugte Schlossart, es wird überwiegend als sogenanntes **Einsteckschloss** in Türen verwendet. Das Zylinderschloss besteht aus einem Gehäuse und einem drehbaren Kern. Gebräuchlich als Standardschloss sind überwiegend fünf bis sechs Stifthaltungen, die vom korrespondierenden Schlüssel abgetastet werden und bei Übereinstimmung das Drehen des Schlüssels ermöglichen. Je nach Form des Schlosses wird zwischen Profilzylinder-, Ovalzylinder- und Rundzylinderschloss unterschieden. Die gebräuchlichste Form ist das **Profilzylinderschloss**. Das Zylinderschloss kann als **Halbzylinderschloss** gefertigt werden, dann ist es nur von einer Seite zu schließen, oder aber als **Doppelzylinder**, dann kann das Schloss von beiden Seiten geschlossen werden. Der normale Doppelzylinder kann nicht geschlossen werden, wenn von einer Seite ein geschlossener Schlüssel steckt.

Abbildung 15: Türschloss mit Profilzylinder und einseitigem Türgriff

Für Gefahrensituationen ist es aber erforderlich, dass eine Schließung auch bei steckendem Schlüssel notwendig ist, daher werden auch beidseitig zu schließende Zylinder angeboten. Die Schließzylinder sind je nach Ausführung und Qualität gegen Aufbrechen, Aufbohren und Herausziehen geschützt. Das Angebot der verschiedenen Hersteller ist technisch sehr umfangreich und wird auch laufend nach neustem Sicherheitsstand erweitert. Die unterschiedlichen Schlüsselprofile spiegeln die Anstrengungen der Hersteller wider, ein Nachschließen des Schlosses zu verhindern. Neuste Entwicklung sind **mechatronische Schließzylinder**, die aufgrund der Elektronik noch mehr Codiermöglichkeiten bieten und sich daher besonders gut für Schließanlagen eignen.

Die Schließzylinder sind standardisiert und in den Richtlinien DIN EN 1303 „Schließzylinder für Schlösser“ und „Profilzylinder für Schlösser“ in DIN 18252 normiert.

Kastenschlössern kommt heute nur noch eine untergeordnete Bedeutung zu. Sie sind überwiegend noch in Altbauten im ländlichen Raum zu finden. Das sogenannte **Buntbartschloss** findet heute überwiegend im innerhäuslichen Bereich zum Abschließen der Zimmertüren Verwendung. Als Hauseingangstür oder in ähnlicher Funktion ist es völlig vom Zylinderschloss verdrängt worden, da das Nachschließen mit einem „Dietrich“ relativ einfach ist. Mit einem sogenannten **Steckschloss** kann die Nachschließbarkeit des Buntbartschlosses etwas verbessert werden. Bei dem Steckschloss handelt es sich um einen kleinen Schließzylinder, der in das Schloss eingeführt und geschlossen wird. Da die Steckschlösser überwiegend aus Messing gefertigt sind, sind diese aber mechanisch leicht zu überwinden. Sie werden daher meist zur zusätzlichen Absicherung im innerhäuslichen Bereich eingesetzt.

Mechanische Schließanlagen

Schließanlagen haben für den Interventionsdienst eine besondere Bedeutung. Üblicherweise werden von einem Sicherungsobjekt mit mechanischer Schließanlage der/die General-Hauptschlüssel in der Notrufsicherheitsleitstelle in einem **Schlüsseltresor** deponiert, damit im Alarmfall der Interventionsdienst mit den überlassenen Schlüsseln das Schutzobjekt aufsuchen, betreten und durchsuchen kann. Die **Schließanlage** ist eine Kombination einer Vielzahl von Schließzylindern und den dazugehörenden Schlüsseln in Bezug zueinander. Die VdS-Richtlinien für mechanische Sicherungseinrichtungen hinsichtlich Schließanlagen sind in VdS 2386 vom 01.07.2012 geregelt. Diese Richtlinien enthalten Mindestanforderungen an Schließanlagen sowie an deren Schließzylinder.

Abbildung 16: Schlüsseltresor in einer NSL

Die genannte VdS-Richtlinie 2386 für die Schließanlagen ist in Verbindung mit den Richtlinien DIN EN 1303:2015-08 für Baubeschläge, Schließzylinder für Schlösser und DIN 18252:2006-12 zu sehen.

In den vorgenannten Regelwerken sind folgende **Begriffe** definiert:

- **Einzelsperrschließung**: Individuelle Schließung eines Schließzylinders, der nicht in eine Schließanlage einbezogen ist.
- **Schalteinrichtung**: Bedieneinrichtung für die Scharf-/Unscharfschaltung von EMA.
- **Schließanlage**: Anzahl beliebig vieler einzelner Schließzylinder, die zu einer funktionalen Einheit zusammengefasst sind. Nach dem Aufbau unterscheidet man Zentralschließ-, Hauptschlüssel- und Generalhauptschlüsselanlagen.
- **Zentralschließanlage**: Schließanlage, bei der mehrere unterschiedliche Einzelschlüssel einen oder mehrere Zentral-Schließzylinder schließen.
- **Hauptschlüsselanlage**: Schließanlage, die über einen Hauptschlüssel, der alle in der Schließanlage vorhandenen Schließzylinder schließen kann, verfügt.
- **Generalhauptschlüsselanlagen**: Schließanlage, deren organisatorische Funktionen mit Hilfe von Generalhauptschlüsseln, Hauptgruppenschlüsseln und/oder Gruppenschlüsseln gegenüber Hauptschlüsselanlagen erweitert werden.
- **Sicherungsrelevanter Bereich**: Bereich einer Schließanlage, der durch Schließzylinder gesichert wird, an die hinsichtlich der Einbruchhemmung die gleichen Anforderungen gestellt werden wie an VdS-anerkannte Schließzylinder mit Einzelsperrschließung.

Die Schließanlagen werden aufgrund ihrer Ausführungsart in **Zentralschließanlage (Z)** und **Hauptschlüssel-/Generalhauptschlüsselanlage (HS/GHS)** unterschieden. Für die genannten Schließanlagen bestehen unterschiedliche Anforderungen hinsichtlich der eingebauten Schließzylinder. Beispielsweise sind bei einer GHS Schließzylinder der Klasse C bzw. CZ zu verwenden, die eine hohe Sicherheit gegen Einbruch bieten.

Die **Schlüssel** müssen auf Grund der Richtlinie für die Ausführungsart HS/GHS über Merkmale verfügen, die eine **unrechtmäßige Beschaffung** von **Nachschlüsseln** wesentlich **erschweren**. Die Nachlieferung von Schließzylindern für Schließanlagen der Ausführungsart HS/GHS darf nur durch den Hersteller selbst oder ausgewählte Händler gegen Vorlage des Legitimationsausweises erfolgen. Die Händler werden verpflichtet, nur bei Vorlage der sogenannten **Sicherungskarte** einen Schlüssel anzufertigen. Schlüsselrohlinge an den Händler müssen mit einer Kennzeichnung versehen sein, die eine Identifizierung des Händlers ermöglicht. Mit den beschriebenen Verpflichtungen soll ein möglicher Missbrauch verhindert werden.

Die Richtlinie VdS 2386:2012-07 umfasst außerdem eine **Anlagendokumentation** hinsichtlich der Übergabe an den Betreiber und einen Schließplan, aus dem die sicherheitsrelevanten Bereiche erkennbar sein müssen. Der Anlagenbetreiber ist nochmals über den gewissenhaften Umgang mit der Schließanlagenverwaltung zu informieren und insbesondere auf die Gefahren durch Schlüsselverlust hinzuweisen.

Weiterhin hat der Anlagenhersteller dem Anlagenbetreiber eine brauchbare **Software** zur Verfügung zu stellen, damit die Schließanlage EDV-gestützt verwaltet werden kann.

Elektronische Schließanlagen

Elektronische Schließanlagen in öffentlichen Gebäuden und Unternehmen gewinnen immer mehr an Bedeutung. Die Vorteile sind offensichtlich und der Einsatz elektronischer Schließanlagen wird den gestiegenen Sicherheitsbedürfnissen am ehesten gerecht.

Größter Vorteil einer elektronischen Schließanlage ist die **Flexibilität der Schließanlage** bei der Umstrukturierung von Gebäuden und Büros und der deutliche Kostenvorteil gegenüber herkömmlichen Schließanlagen. Mit einer elektronischen Schließanlage kann der Sicherheitsverantwortliche beispielsweise sofort auf einen **Schlüsselverlust** reagieren und die Zugangsberechtigung sperren.

Weiterhin kann mit einem elektronischen Schließsystem sehr flexibel die Vergabe von Schließberechtigungen geregelt und entsprechende gruppenübergreifende Berechtigungen gestaltet werden. Ein weiterer wichtiger Aspekt für den Einsatz einer elektronischen Schließanlage ist die **Dokumentation der Zutritte** berechtigter Personen bei Diebstählen, Sabotagehandlungen oder Verstößen gegen den Datenschutz.

Ein weiterer Vorteil bietet der **Kopierschutz** elektronischer Schlüssel und die Unmöglichkeit des Schließens mit speziellen Werkzeugen, was bei einem mechanischen Schloss zerstörungsfrei möglich ist. Weiterhin sind **Zeiterfassungssystem** und damit verbundene Abrechnungsprogramme in das elektronische Schließsystem integrierbar.

Merke

Kurzum, die Vorteile der elektronischen Schließung liegen klar auf der Hand:

- einfache Montage und preiswertes Produkt;
- wesentliche Erhöhung der Sicherheitsmerkmale, z. B. Kopierschutz der Schlüssel;
- schneller Wechsel der Zutritts- bzw. Schließberechtigung bei Änderung der Zutrittsberechtigung, der Organisation in Schließanlagen oder Schlüsselverlust;
- Einrichtung und Änderung von Zeitzonen;
- Fernsteuerung und Fernkontrolle;
- Protokollierung von Schließvorgängen hinsichtlich Zeit- und Schließberechtigung.

Die **Umstellung** von mechanischen Schließsystemen auf elektronische Systeme ist relativ einfach zu realisieren, da die gebräuchlichsten Profilzylindergehäuse in den Abmessungen genormt sind und die meisten angebotenen elektronischen Schließsysteme auch die konventionelle Schließtechnik im Profilzylinder einbauen. Ein **Nachrüsten** mit einem elektronischen Schließsystem ist daher relativ einfach und kostengünstig.

Mechatronische Schließsysteme

Mechatronische Schließsysteme kommen immer mehr dort zum Einsatz, wo Sicherheit und einfacher Umgang mit dem System vorrangig sind. Mechatronische Schließsysteme haben den Vorteil, dass sie **mechanische und elektronische Komponenten** verbinden und deswegen besonders sicher sind. Insgesamt bieten mechatronische Schließsysteme folgende Vorteile:

- Erhöhte Flexibilität gegenüber rein mechanischen Lösungen,
- Schnelle Änderungsmöglichkeit hinsichtlich der Schließberechtigung,
- Gute und einfache Nachrüstbarkeit des Systems,
- Protokollierung aller Schließvorgänge,
- Zeitliche Programmierbarkeit,
- Problemlose Codierbarkeit von Ersatzschlüsseln.

5.2 Gefahrenmeldeanlagen

Gefahrenmeldeanlagen (**GMA**) sollen, wie es der Name vorgibt, Gefahren für Personen und Sachen melden. Gefahrenmeldeanlagen werden unter diesem Sammelbegriff vereint und bestehen aus:

- Einbruchmeldeanlage (**EMA**),
- Brandmeldeanlage (**BMA**) und
- Überfallmeldeanlage (**ÜMA**).

In einer **GMA** können alle Teilbereiche integriert werden, was heute bei größeren Anlagen immer mehr der Fall ist. Für die Errichtung und den Betrieb der GMA sind verschiedene Vorschriften zu beachten. Einsatzbereich der GMA ist das Melden von Einbruch, Brand und Überfall.

Die **EMA** kommt dort zum Einsatz, wo Sachwerte geschützt werden müssen. Der Aufbau einer EMA besteht in der Regel aus einer Einbruchmeldezentrale, einer Scharfschalteinrichtung und einer Vielzahl von automatischen Meldern im äußeren Bereich.

BMA mit entsprechenden Brandmeldezentralen und automatischen oder auch manuellen Brandmeldern dienen der Brandfrüherkennung. **ÜMA** kommen überall dort zum Einsatz, wo unmittelbar Personen gefährdet werden bzw. einer direkten Bedrohung ausgesetzt sind (z. B. Kreditinstitute, Kassen). Die Alarmauslösung erfolgt hierbei in der Regel durch manuell zu betätigende Überfallmelder.

Generell können die **Aufgaben einer GMA** wie folgt beschrieben werden:

- Sicherstellung und Überwachung der Betriebsbereitschaft der Anlage und angeschlossenen Meldern/Signalgebern,
- Melden von Alarmen an hilfeleistende Stellen, Erkennen von Störungen der Anlage,
- Automatische Steuerung von Schaltvorgängen, insbesondere bei BMA und Anzeigen von Meldungen für die Gebäudeleittechnik.

Abbildung 17: Rauchmelder mit Kennzeichnung in einem Büroraum

Einbruchmeldeanlage (EMA)

Einbruchmeldeanlagen (EMA) sind GMA, die dem automatischen Überwachen von Gegenständen auf unbefugte Wegnahme sowie von Flächen und Räumen auf unbefugtes Eindringen dienen.

EMA und ÜMA werden gemeinsam in der Vorschrift VDE 0833 klassifiziert und beschrieben, da bei den EMA auch Überfallmeldelinien angeschlossen sind und somit zwischen beiden Anlagen eine direkte Verbindung besteht.

EMA sind am effektivsten bei einer direkten Aufschaltung zur Polizei mit einem sogenannten **stillen Alarm**. Über die Hälfte der Täter können so noch am Tatort festgenommen werden. Sobald zusätzlich ein akustischer Alarm ausgelöst wird, gehen die Festnahmen auf frischer Tat deutlich zurück. In diesen Fällen zeigt sich die überwiegend präventive Wirkung des akustischen Alarms, die eine weitere Tatausführung verhindert.

Die EMZ ist zentrale Einheit der Anlage, da hier alle Meldungen aufgezeigt und weitergeleitet werden. Sie hat folgende **Funktionen**:

- Aufnahme und Bewertung der eingehenden Signalmeldung,
- Auslösung der Alarmierungseinrichtungen,
- Weiterleitung der Meldungen an hilfeleistende oder abwehrleistende Stellen,
- Überwachung der Energieversorgung,
- Anzeigen von Störungen der Meldelinien,
- Anzeigen der Scharf- oder Unscharf-Schalteinrichtung,
- Ansteuerung von automatischen Wählgeräten (Telefon).

Die Sicherstellung der Energieversorgung der EMZ muss über zwei voneinander unabhängige Systeme erfolgen. Bei Ausfall des 230-Volt-Netzes schaltet die Anlage automatisch auf Batteriebetrieb um.

Funkalarmanlagen kommen überwiegend im privaten Bereich zum Einsatz, da sie weit kostengünstiger installiert und betrieben werden können. Wer schon einmal eine drahtgebundene Anlage installiert hat, kennt den enormen Aufwand einer nachträglichen Kabelverlegung beispielsweise im Wohnbereich. Funktionell sind drahtgebundene Alarmanlagen und funkgesteuerte Anlagen gleich. Nachteil der Funkalarmanlage ist jedoch, dass keine permanente Überwachung der Primärleitungen erfolgen kann, weil die Melder batteriebetrieben und damit der Leistung Grenzen gesetzt sind. Meldungen an die Zentrale erfolgen daher immer dann, wenn vom Melder ein Zustandswechsel erkannt wird oder von der Meldezentrale ein Abruf erfolgt.

Bessere Lösungen hinsichtlich der Energieversorgung sind teilverdrahtete Anlagen, die sich an den räumlichen Gegebenheiten orientieren. Funkalarmanlagen namhafter Hersteller bieten aufgrund optimierter Technik eine recht gute Alternative zu den herkömmlichen drahtgesteuerten Anlagen.

Einbruchmeldern kommt besondere Bedeutung zu, da sie aufgrund ihrer Funktion der Zentrale einen Alarm melden. Bei der drahtgebundenen Anlage sind die Melder an die Primärleitung angeschlossen, die eine elektrisch überwachte Verbindungsleitung zur EMA ist.

Bei Unterbrechung dieser Leitung wird automatisch Alarm ausgelöst.

Grundsätzlich wird zwischen **automatischen** und **nichtautomatischen** Meldern unterschieden. Eine gezielte Alarmauslösung erfolgt immer über nichtautomatische Melder, während die sonstigen Meldungen über automatische Melder erfolgen. Generell werden folgende Melder unterschieden:

- Elektro-mechanische Melder,
- Elektro-akustische Melder,
- Elektro-optische Melder,
- Elektrische Melder.

Weiterhin unterscheidet man **Aktiv- und Passiv-Melder**. Bei einem Aktiv-Melder, der immer aus einem Sender und Empfänger besteht, erfolgt eine Alarmauslösung sobald eine Komponente ausfällt. Beim Passiv-Melder, der nur bestimmte Wertänderungen erfasst, führt ein Ausfall nicht automatisch zu einer Störungsmeldung.

Folgende **elektro-mechanische Melder** sind gebräuchlich:
- Öffnungskontakte,
- Schließblechkontakte,
- Erschütterungsmelder,
- Fadenzugkontakte,
- Bildermelder.

Akustische Melder:
- Passive und aktive Glasbruchmelder,
- Körperschallmelder,
- Ultraschallbewegungsmelder.

Optische Melder:
- Lichtschranken,
- Infrarotbewegungsmelder oder Infrarotschranken zur Streckenüberwachung.

Elektrische Melder:
- Mikrowellenmelder zur Raumüberwachung,
- Mikrowellenrichtstrecken zur Streckenüberwachung.

Kapazitive Feldänderungsmelder:
- Überwachung von Einzelobjekten (Wertschränke, u. a.).

Überfallmeldeanlage (ÜMA)

ÜMA sind GMA, die Personen zum direkten Hilferuf bei Überfällen dienen (Definition nach VDE 0833–1).

Die Anlage besteht aus der ÜMZ und Überfallmeldern. Die Anlagen werden überwiegend bei Kassen, Banken und Kreditinstituten eingesetzt. Mit den Überfallmeldern können die bedrohten Personen willentlich Alarm auslösen, daher ist die Fehlalarmquote bei Überfallmeldeanlagen relativ gering.

In der Regel wird mit der Alarmauslösung auch die sogenannte **Überfallkamera** aktiviert. Mit dieser optischen Raumüberwachung kann von einer Sicherheitszentrale aus das Geschehen beispielsweise bei einem Banküberfall verfolgt werden. Sicherheitskräfte können dann zielgerichtet herangeführt werden und lageangepasst einen Zugriff auf die Täter vornehmen. Gleichzeitig können aber auch aufgrund der Raumüberwachung Geiselnahmen verhindert und damit das Risiko für die Bankangestellten minimiert werden. Die Alarmauslösung sollte auf jeden Fall vom Täter unbemerkt erfolgen. Eine Alarmauslösung über Fußleistenkontakt oder Alarmknopf birgt immer die Gefahr, dass dies vom Täter bemerkt wird und zu einer nicht einzuschätzenden Eskalation des Geschehens führen kann. Nach Möglichkeit sollte daher die Alarmauslösung über den sogenannten **Geldscheinkontakt** oder über eine **Eingabetastatur** erfolgen.

Brandmeldeanlage (BMA)

BMA sind integraler Bestandteil des Brandschutzkonzeptes eines Gebäudes und dienen dem vorbeugenden und abwehrenden Brandschutz.

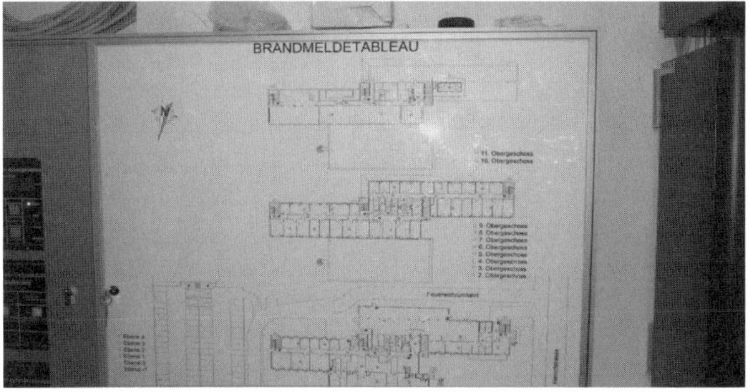

Abbildung 18: Brandmeldetableau in einer BMZ

Folgende **Anforderungen** werden an eine **BMZ** gestellt:

- Entdeckung von Entstehungsbränden,
- automatische Ansteuerung von Brandschutz- und Betriebseinrichtungen,
- Alarmierung der betroffenen Personen,
- Alarmierung der Feuerwehr und anderen hilfeleistenden Stellen,
- Lokalisierung des Gefahrenbereichs.

Im Rahmen des Brandschutzkonzeptes sind in **Zusammenarbeit** mit der **Feuerwehr** an eine BMA folgende Anforderungen zu stellen:

- Standort, Zugänglichkeit und Leistungsstärke der BMZ,
- Sicherungs- und Meldebereiche,
- Beschaffenheit der Brandmelder (Art und Anordnung),
- Steuerung von Lösch- und Betriebseinrichtungen, sowie Feuerschutzabschlüssen,
- Feuerwehrlaufkarten und Alarmpläne.

Abbildung 19: Feuerwehrtresor an einem Bürogebäude

5.3 Zugangs- und Kontrollsysteme

Zutrittskontrollsysteme sind überall vorzufinden. Sie werden eingesetzt für den Werks- und Gebäudezutritt, sind aber auch zur Zugangskontrolle für einzelne Räume geeignet. Mit dem Zutrittskontrollsystem wird geregelt, wer wann wohin Zugang hat. **Aufgabe** des Systems ist es, zu erkennen, ob eine Person überhaupt zugangsberechtigt ist, in welchen Zeiträumen diese Person die Zugangsberechtigung besitzt und welche sicherheitsrelevanten Gebäudeteile von der Person betreten werden können.

5.3.1 Elektronische Zutrittskontrollsysteme

Ein **elektronisches Zutrittskontrollsystem** besteht aus mindestens drei Komponenten. Zunächst wird von einem Sensor die Identifizierung des Benutzers vorgenommen und an eine Zentrale weitergeleitet. Dort wird über die Zugangsberechtigung entschieden, wobei zwei verschiedenen Systeme zur Auswahl stehen. Im sogenannten **Offline-System** trifft die Zentrale die Entscheidung über die Zutrittsberechtigung selbst, beim **Online-System** wird eine weitere Kontrollinstanz zwischengeschaltet, die diese Entscheidung trifft. Beide Systeme haben sich bewährt. Für den jeweiligen Einsatz sind die gegebenen baulichen und sicherheitsrelevanten Faktoren ausschlaggebend. Beide Systeme bieten nachstehend aufgeführte Vorteile:

- Zugangsberechtigungen können schnell gesperrt werden,
- zentrale Steuerung,
- einfache Eingabe und Weiterverarbeitung von Zutrittsdaten.

Als **Identifizierungsmittel** für die Zugangsberechtigung kommen **aktive**, **passive** und **biometrische Medien** in Betracht. Entscheidend für den jeweiligen Einsatz sind die Sicherheitsanforderungen.

Aktive Identifizierungsmittel

Die **aktiven Identifizierungsmittel** sind batteriebetrieben. Dabei versorgt die Batterie des Identifizierungsmittels in direktem Kontakt mit der Elektronik des Verschlusssystems dieses mit Energie oder

Abbildung 20: Zutrittskontrolle in einem modernen Bürogebäude

das Identifizierungsmittel sendet per Funk oder Infrarot verschlüsselte Signale an das Verschlusssystem mit der vorhandenen Entscheidungselektronik. Die batteriebetriebenen Identifizierungsmittel kommen heute überwiegend in der Automobilindustrie zum Einsatz.

Passive Identifizierungsmittel

Die **passiven Identifizierungsmittel** werden gegenwärtig am häufigsten benutzt. Hier werden auch **kontaktbehaftete** und **kontaktlose** Systeme unterschieden.

Die **kontaktbehafteten** Magnetstreifen sind heute als veraltet anzusehen, da sie aufgrund der leichten Kopiermöglichkeit sicherheitstechnisch nicht mehr den gestellten Anforderungen entsprechen und auch einem hohen Verschleiß unterliegen. Die aktuellen Chipkarten haben eine größere Speicherkapazität als die Magnetkarten und bieten zusätzlich bessere Codiermöglichkeiten.

Bei den **kontaktlosen Systemen** kommen verschiedene **RFID-Techniken** zur Anwendung. Unter RFID (engl. radio-frequency identification) versteht man die Identifikation mithilfe elektromagnetischer

Abbildung 21: Zugangsterminal mit Chip-Karte in einem Bürogebäude

Wellen. Dabei wird automatisch und berührungslos eine Identifizierung von Objekten oder bei einem implantierten Transponder bei Lebewesen mit Radiowellen ermöglicht. Der entscheidende Vorteil dieses Systems liegt in der geringen Größe der Transponder. Mithin sind auch viele Anwendungsmöglichkeiten gegeben, zumal sich die Transponder auch in einem eigens entwickelten Druckverfahren kostengünstig herstellen lassen. Anwendung findet der Transponder bereits im neuesten Personalausweis und kann somit von einem Lesegerät unauffällig ausgelesen werden.

Die für das **Auslesen der gespeicherten Daten** notwendige Energie erhält der Transponder vom Lesegerät, das magnetische Wechselfelder von geringer Reichweite erzeugt und die Datenübertragung ermöglicht. Sollen größere Reichweiten vom Transponder selbst erzeugt werden, funktioniert dies nur mit einer eigenen Stromversorgung.

In Deutschland kommen überwiegend **berührungslose Systeme** der Firmen Legic und Mifare in verschiedenen Frequenzbereichen zum Einsatz. Die kostengünstigen Varianten arbeiten in einem Frequenzbereich von meist 13,5600 MHz und haben eine Reichweite von unter 10 cm. Bei höheren Frequenzen (bis 433 MHz) ist die Reichweite größer und beträgt bis zu mehrere Meter bei den beschriebenen passiven Transpondern. Allerdings steigt damit auch der Preis des Transponders. Höhere Reichweiten bis zu 100 m und schnellere Lesegeschwindigkeiten werden nur mit sogenannten semi-aktiven Transpondern erreicht, die dann über eine eigene Stromversorgung verfügen. Diese werden überwiegend zur Warenverteilung und Warensicherung eingesetzt.

Für die **Zutrittskontrolle** werden derzeit am häufigsten die Transponder in der Plastikkarte (ISO-Kartenformat) oder als Schlüsselanhänger eingesetzt. Für die berührungslosen Systeme gibt es allerdings noch vielfältige Anwendungs- und Einsatzmöglichkeiten.

Bei den **Ausweislesegeräten** werden folgende Systeme unterschieden:

- Einsteckleser,
- Einzugsleser,
- Durchzugsleser,
- Annäherungsleser.

Die heute gebräuchlichsten Systeme sind der **Einzugsleser** und der **Annäherungsleser**. Der Einzugsleser wird in der Regel bei Geldaus-

Abbildung 22: Annäherungsleser für die Zutrittskontrolle

gabeautomaten eingesetzt. Die Karte wird von Hand in eine Vorrichtung eingesetzt und anschließend vom Gerät eingezogen und ausgelesen. Die Kreditinstitute haben mit diesem Gerät die Möglichkeit, gefälschte oder gesperrte Karten einzubehalten. Weiterhin ist dieses System bedienungsfreundlich und sicher.

Der Annäherungsleser basiert auf der RFID-Technik. Wie bereits beschrieben, kommt das System als Zutrittskontrolle überwiegend zur Anwendung, da es gegenüber den Einsteck- oder Durchzugslesern erhebliche Vorteile bietet.

Biometrische Systeme

Die **biometrischen Systeme** kommen überwiegend in sicherheitsrelevanten Bereichen zum Einsatz, so auch in Notruf-Service-Leitstellen. Folgende biometrischen **Merkmale** können zur Identifizierung zur Anwendung kommen:

- Fingerabdruck,
- Iris- oder Netzhaut,
- Handflächen- und Handvenenabdruck,
- Gesichtsmerkmale.

Abbildung 23: Biometrische Zugangsberechtigung zu einer NSL

Am häufigsten werden derzeit Fingerabdrücke zur Identifikation genutzt, da dieses Verfahren am einfachsten zu handhaben ist. Gute **Fingerabdruck-Identifikationssysteme** bieten derzeit folgende Vorteile:

- Merkmalspeicherung und Verwaltung von mehr als 100 Fingerabdrücken,
- Anwendung ohne PC-Anschluss (sog. Stand-Alone-Anwendung),
- Datenspeicherung bei Stromausfall,
- Optimierung der Erkennungsleistung des Abdrucks mittels Selbstlernfunktion,
- Direkte Ansteuerung von Türöffnern nach Identifikation.

5.3.2 Erfassungs- und Dokumentationssysteme

Wächterkontrollsystem ist ein eher negativ besetzter Begriff für eine mobile Dienstleistung eines Sicherheitsdienstes, Pflegedienstes oder des Gebäudemanagements. Die Wortschöpfung meint nichts anderes, als den Wächter (Dienstleister) hinsichtlich seiner erbrachten Leistung zu kontrollieren. Das System ist natürlich nicht nur Kontrolle, denn mit dem System dokumentiert der Dienstleister seine

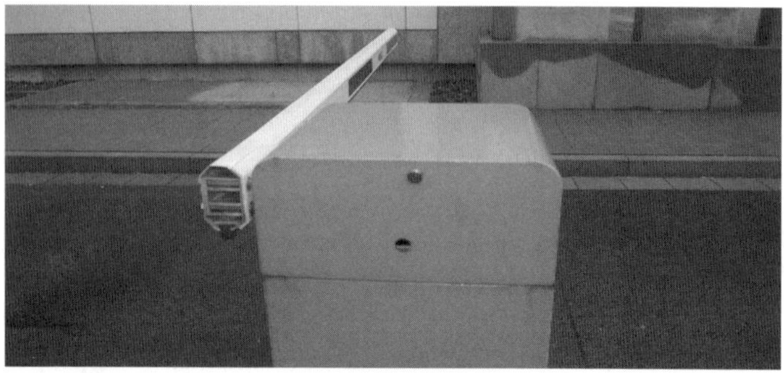

Abbildung 24: Kontrollpunkt an Schrankenanlage zu einem Bürogebäude

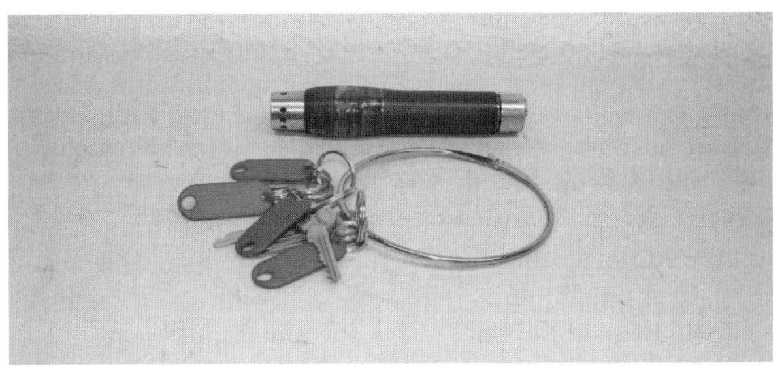

Abbildung 25: Datensammler für Kontrollpunkte und objektbezogene Schlüssel

erbrachte Leistung. Dem Kunden kann mit dem System eine detaillierte Abrechnung der erbrachten Dienstleistung erstellt werden, da die einzelnen Kontrollpunkte exakt ausgelesen werden können.

Das System funktioniert relativ einfach. Am Schutzobjekt werden mehrere sogenannter **Lesestellen** angebracht. Dies sind die **Kontrollpunkte**, die an ausgewählten Stellen des Gebäudes oder der Anlage geklebt werden. Der Dienstleister bedient diese Kontrollpunkte zu vertraglich vereinbarten Zeiten mit dem mobilen **Datensammler**. Dem Kunden wird dann bei Bedarf eine Auswertung der Kontrollstellen übermittelt. Wichtig ist das Bedienen der vereinbarten Kontrollpunkte insbesondere dann, wenn es zu einem Schadensereignis am oder im Schutzobjekt gekommen ist. Die Bedienung der Kontrollpunkte lässt dann nachträglich bei einem Einbruch einen Rückschluss auf die Tatzeit zu. Sollten die Kontrollstellen entgegen der vereinbarten Dienstleistung nicht ordnungsgemäß aufgesucht worden sein, können vom Kunden Schadensersatzforderungen geltend gemacht werden.

Das **Wächterkontrollsystem** besteht aus folgenden Komponenten:

- Kontrollstellen,
- Mobiler Datenleser,
- Auslesegeräte zwecks Datenübertragung und Programmierung.

Von älteren Sicherheitsmitarbeitern werden die Kontrollstellen häufig **Stechstellen** genannt. Der Ausdruck basiert auf den ersten Kontrollsystemen, bei denen von den Sicherheitsmitarbeitern noch „eingestochen“ wurde. Es wurde mittels verschiedener Schlüssel die Uhrzeit auf einem Papierröllchen erfasst, damit war der Nachweis der Dienstleistung erbracht.

Moderne Kontrollsysteme sind so aufgebaut:

- Lesegerät (handlich, sehr robust, große Speicherkapazität bis ca. 5000 Lesungen);
- Kontrollpunkte (unauffällig klein, Cent-Größe, wasserfest, beschädigungsresistent, Mikrochip mit ID-Nummer);
- mitarbeiterbezogene Aktivitäten (Auslesen eines zugeordneten Mitarbeiterknopfes, damit kann eine exakte Zuordnung zu den bedienten Kontrollstellen erfolgen);
- zusätzliche Ereignisknöpfe speichern Informationen zum Kontrollgang ab;
- Datentransfer erfolgt über das Auslesen des Lesegeräts mittels verschiedener Download-Funktionen zum PC;
- Berichterstattung an den Kunden mit Hilfe vorhandener Kontrollgangssoftware, die die Berichterstattung erleichtert.

5.4 Videoüberwachungsanlagen

Videoüberwachungsanlagen sind im heutigen Straßenbild allgegenwärtig und fester Bestandteil des Sicherheitsmanagements von Firmen, Behörden und Privatkunden. Grundsätzlich versteht man unter Videoüberwachung die Beobachtung ausgewählter Örtlichkeiten mit optisch-elektronischen Geräten. Vorteil heutiger Videoüberwachung ist die **problemlose Speicherung** der digital gewonnenen Daten und deren Analyse mittels besonderer Software. Auswertungsmöglichkeiten bestehen mit dem Auslesen von Autokennzeichen und der **Gesichtserkennung**, die eine **Personenidentifizierung** zulässt.

Abbildung 26: Monitor einer Videoüberwachungsanlage beim Empfang

Hinweis

Für den Interventionsdienst ist von Bedeutung, ob bei einer Alarmauslösung auch auf Bilder einer Videoüberwachungsanlage zurückgegriffen werden kann. Sollte dies der Fall sein, können Tatgeschehen vor Ort besser analysiert und Hinweise auf unberechtigte Personen oder sonstige Schadensereignisse geliefert werden.

Moderne Videoüberwachungsanlagen bestehen aus einem **komplexen System** verschiedener Kameras und entsprechenden Speichermöglichkeiten. Die Anlagen arbeiten vollautomatisch und sind problemlos zu bedienen. Im Empfangsbereich moderner Bürogebäude sind sie Standardtechnik bei der Überwachung des Personal- und Besucherbereichs, einschließlich der **Bildaufschaltung** betriebener Parkplätze und Parkhäuser. Eine Live-Bild-Übertragung auf den Monitor ist nicht unbedingt notwendig. Wichtig ist, dass die einzelnen überwachten Bereiche im Bedarfsfall jederzeit aufgeschaltet werden können und das Bildmaterial bei notwendigen Recherchen zur Verfügung steht.

Rechtliche Regelungen zur Videoüberwachung finden sich insbesondere im neuen Bundesdatenschutzgesetz (BDSG) auf Grund des Inkrafttretens der Datenschutz-Grundverordnung (DSGVO) vom 24. Mai 2018.

Die frühere Regelung des § 6b für die Beobachtung öffentlich zugänglicher Räume mit optisch-elektronischen Einrichtungen (Videoüberwachung) wurde übernommen und ist nunmehr in § 4 BDSG geregelt. **Zulässig** ist danach die **Videoüberwachung nur:**

1. zur Aufgabenerfüllung öffentlicher Stellen,
2. zur Wahrnehmung des Hausrechts oder,
3. zur Wahrnehmung berechtigter Interessen für konkret festgelegte Zwecke.

Grundsätzlich dürfen **keine** Anhaltspunkte bestehen, dass **schutzwürdige Interessen** der Betroffenen überwiegen. In § 4 Abs. 2 BDSG ist festgelegt, dass ein **Hinweis** auf die Videoüberwachung erfolgen muss. § 4 Abs. 3 BDSG regelt die **Verarbeitung** oder **Nutzung** von

Abbildung 27: Einzelbild einer Videoüberwachungsanlage beim Empfang

Daten, diese ist **nur erlaubt zur Gefahrenabwehr und Verfolgung von Straftaten**, wenn die schutzwürdigen Interessen der Betroffenen nicht überwiegen.

Die technischen Möglichkeiten der Videoüberwachung sind heute sehr vielfältig und erfahren ständig technische Verbesserungen. Die Videoüberwachung ist im Regelfall so konzipiert, dass ein geschlossenes System vorhanden ist. Die Bilder einer oder mehrerer Kameras werden auf einen oder mehrere Monitore übertragen und für einen festgelegten Zeitraum gespeichert.

Videotechnik kann in einer GMA integriert werden und bei Verwendung von Wärmebild- oder Restlichtkameras auch unter schlechten Sichtverhältnissen brauchbare Bilder für den Interventionsdienst liefern.

5.5 Betriebsfunk

Betriebsfunk wird im Rahmen des Interventionsdienstes immer weniger eingesetzt, da die Kommunikation fast nur noch über Mobiltelefone erfolgt. Der Betriebsfunk ist Teil des nichtöffentlichen Mobilfunks und dient der Nachrichtenübertragung. Für den Betriebsfunk erfolgt eine Frequenzzuteilung der zuständigen Stelle der Bundesnetzagentur. Die Zuteilung bezieht sich auf die Sendefrequenz, den Standort der ortsfesten Funkanlage und die Sendeleistung.

Beispiel: WISAG Sicherheit & Service für das Stadtgebiet Frankfurt am Main – Frequenz 466, 1500 MHz, Zuteilungs-Nr. 19011906 der Bundesnetzagentur, Außenstelle Darmstadt.

Unter **Mobilfunk** wird der umfassende Betrieb von beweglichen Funkgeräten verstanden. Darunter fallen auch die **Mobiltelefone**, Handfunkgeräte und auch in Fahrzeuge eingebaute Funkgeräte. Wie bereits erwähnt, sind Mobiltelefone das zwischenzeitlich überwiegend genutzte Kommunikationsmittel, da ein nahezu flächendeckendes Kommunikationsnetz besteht und moderne Mobiltelefone vielfältig eingesetzt werden können. Sie dienen zwischenzeitlich auch dem **Auslesen** von **Kontrollpunkten** und verdrängen in diesem Bereich sogar eigenständige Techniken.

Da die Mobiltelefone in der Regel auch über ausgereifte Kameras verfügen, gewinnt die Verwendung im Bereich des Interventionsdienstes immer mehr an Bedeutung, da eine unmittelbare Übermittlung von Fotos an die Leitstellen möglich ist.

5.6 Brandschutz

Mitarbeiter des Interventionsdienstes müssen damit rechnen, im Rahmen ihrer Tätigkeit jederzeit mit Bränden konfrontiert zu werden. Grundsätzlich sollte der Mitarbeiter im Interventionsdienst daher mit der Bewertung vorhandener **Brandgefahren** und mit Maßnahmen der **Brandbekämpfung** vertraut sein sowie über Kenntnisse der Brandschutzeinrichtungen und deren Anwendung verfügen.

Vorbeugender Brandschutz ist grundsätzlich die Verhinderung von Bränden. Sollte es trotz aller vorbeugenden Maßnahmen aufgrund eines Brandschutzkonzeptes doch zu einem Brandausbruch kommen, gilt es den Entstehungsbrand einzudämmen und die weitere Ausbreitung des Brandes zu verhindern.

Vom Gesetzgeber wird eine **ausreichende Zahl** von **Brandschutzhelfern** für den jeweiligen Betrieb gefordert. Die notwendige Anzahl von Brandschutzhelfern ergibt sich konkret aus der **Gefährdungsbeurteilung**. Bei normaler Brandgefährdung (z. B. Büronutzung) ist ein Anteil von fünf Prozent der Beschäftigten nach ASR (Technische Regeln für Arbeitsstätten) A2.2 „Maßnahmen gegen Brände" Abschnitt 6.2. „Brandschutzhelfer" ausreichend.

Die DGUV (Deutsche Gesetzliche Unfallversicherung) Information 205-023 „Brandschutzhelfer" fordert nicht nur eine ausreichende Anzahl von Brandschutzhelfern, sondern auch deren fachkundliche **Unterweisung** und **praktische Übungen** im Umgang mit Feuerlöscheinrichtungen.

Im Arbeitsschutzgesetz (ArbSchG) ist in § 10 „Erste Hilfe und sonstige Notfallmaßnahmen" festgeschrieben, dass der **Arbeitgeber** entsprechend der Art der Betriebsstätte und der Tätigkeiten sowie der Zahl der Beschäftigten die **Maßnahmen** zu treffen hat, die zur Ersten

Hilfe, Brandbekämpfung und Evakuierung der Beschäftigten erforderlich sind.

Diese Vorschrift ist zwar für den Interventionsdienst nicht bindend, jedoch sollten Mitarbeiter des Interventionsdienstes, wie bereits einleitend erwähnt, über ausreichende Kenntnisse der Brandbekämpfung und des vorbeugenden Brandschutzes besitzen. Der Interventionsdienst sollte über folgende **Kenntnisse** verfügen:

- Grundlagen der Verbrennung,
- Grundlagen der Vorgänge beim Löschen,
- Häufige Brandursachen,
- Funktion und Wirkungsweise von Feuerlöscheinrichtungen,
- Kenntnis der Brandklassen A, B, C, D und F,
- Bedienung der Feuerlöscheinrichtungen ohne Eigengefährdung.

Grundlagen der Verbrennung

Verbrennung ist die Oxidation eines brennbaren Materials mit Sauerstoff unter Flammenbildung.

Bei der Verbrennung reagiert der Brennstoff chemisch mit Sauerstoff oder einem anderen Gas. Es wird zwischen **festen** Brennstoffen (Holz, Kohle), **flüssigen** Brennstoffen (Benzin, Öle), **flüssig werdenden** Brennstoffen (Wachs, Teer) oder **gasförmigen** Brennstoffen (Erdgas, Methangas) unterschieden.

Voraussetzung für die Verbrennung ist eine ausreichende **Menge brennbaren Materials** und die Reaktion mit einem **Oxidationsmittel** sowie eine für die Verbrennung geeignete **Zündquelle** zum Erreichen der für die Verbrennung erforderlichen Temperatur und das richtige Mengenverhältnis der Komponenten.

Für die **Verbrennungsgeschwindigkeit** ist das Vorhandensein von **Sauerstoff** entscheidend. Mit dem Sauerstoffentzug kann daher die Verbrennung unterbunden oder eingeschränkt werden. Darauf beruhen einige Löschverfahren, die die Sauerstoffzufuhr unterbinden.

Grundlagen der Vorgänge beim Löschen

Da ein Brand nur durch ausreichende Sauerstoffzufuhr unterhalten wird, muss die **Sauerstoffzufuhr unterbrochen** werden. Weiterhin muss die **Brandtemperatur unter** die stoffbedingt **erforderliche Zündtemperatur** gesenkt werden, um einen neuen Entstehungsbrand zu verhindern. Wird dem Brand auch der notwendige Brennstoff, also das Brandmaterial, selbst entzogen, erlischt das Feuer ebenfalls.

Durch geeignete **Feuerlöschmittel** wird der Verbrennungsvorgang beendet. Diese Löscheffekte können erreicht werden aufgrund des Stickeffekts, indem der Sauerstoffgehalt deutlich reduziert wird, durch reaktionshemmende Stoffe wie Löschpulver, die die Oxidationsgeschwindigkeit verringern oder durch den Kühleffekt, der die Reaktionstemperatur herabsetzt, insbesondere durch Wasser:

- **Wasser** kommt als Löschmittel am häufigsten zum Einsatz. Es kann sehr schnell Wärmeenergie aufnehmen und damit den Brand unter die Mindesttemperatur kühlen. Für den Einsatz von Wasser spricht weiterhin die fast generelle und gefahrlose Verfügbarkeit. Allerdings kann Wasser bei Bränden von Flüssigkeiten und Metallen sowie bei bestimmten Chemikalien nicht eingesetzt werden, da es mit diesen Stoffen heftig reagiert (z.B. Fettbrände).
- **Löschpulver** kommt dort zum Einsatz, wo Wasser nicht eingesetzt werden kann oder nicht zur Verfügung steht. Der Nachteil des Löschpulvers besteht in dem Schaden auf Grund der erheblichen Verschmutzung. Bei Elektrobränden ist jedoch Vorsicht geboten, da Löschpulver elektrisch leitfähig ist. Die Löschwirkung des Pulvers beruht auf dem Stick- und Inhibitionseffekt.
- **Löschschaum** wird überwiegend bei Flüssigkeitsbränden eingesetzt. Löschschaum besteht aus Wasser, dem Schäumungsmittel und Luft. Mit der Dosierung der Luftzufuhr können verschiedenvolumige Schäume hergestellt werden. Das unterschiedliche Gemisch kann entsprechend den Einsatzbedingungen dosiert werden. Die Löschwirkung des Löschschaums beruht ebenfalls auf dem Stick- und Inhibitionseffekt. Nachteil des Löschschaums ist ebenfalls ein Löschschaden durch Verschmutzung.

- **Kohlendioxid** kommt als Löschmittel nur für Flammenbrände der Brandklassen B und C zur Anwendung und überwiegend in stationären Anlagen zum Einsatz. Es eignet sich besonders zur Brandbekämpfung bei elektrischen Anlagen, da es nicht leitend ist.

Häufige Brandursachen

Ein großer Teil der Brände entsteht durch menschliches Versagen, sprich **Fahrlässigkeit** (zur Definition siehe S. 31).

Insbesondere im Winter und in der Vorweihnachtszeit entsteht eine Vielzahl von Bränden durch den unsachgemäßen Umgang mit **Kerzen** und **offenem Feuer**. Kerzen und Kaminfeuer üben aufgrund der offenen Flamme eine magische Anziehungskraft auf Kinder aus und bedürfen daher einer besonderen Aufmerksamkeit.

Bügeleisen, Kochplatten, Glühbirnen und Strahler besitzen eine **heiße Oberfläche**, die sehr schnell Brände verursacht, wenn ein brennbares Material in deren Nähe gelangt. Daher niemals eingeschaltete Kochplatten und Bügeleisen unbeaufsichtigt lassen.

Leider verursachen Raucher auch häufig durch Leichtfertigkeit Brände, indem sie **Zigarettenkippen** unachtsam wegwerfen und ungeeignete Aschenbecher benutzen. Vielfach wird der Inhalt des Aschenbechers in den Mülleimer geleert, obwohl noch Glutreste vorhanden sind.

Leider sind Brände aufgrund von **Kurzschlüssen** immer noch eine häufige Brandursache. Zwar sind Prüfvorschriften für Elektrogeräte vorhanden. Diese sind jedoch nutzlos, sobald die Geräte vom Verbraucher unsachgemäß eingesetzt werden. Elektrobrände entstehen in der Regel dann, wenn schadhafte Geräte eingesetzt werden, Steckdosen überlastet sind und sich Wärmestaus bei unzureichendem Sicherheitsabstand zu brennbaren Materialen bilden.

5.7 Funktion und Wirkungsweise von Feuerlöscheinrichtungen

Die IK sollte über Kenntnisse eines **gefahrenfreien Erstangriffs** bei der Brandbekämpfung verfügen. Dazu gehören fundierte Kenntnisse im Umgang mit **Löschmitteln** und **Löscheinrichtungen**. Für die Praxis ist es wünschenswert, dass alle Interventionskräfte über eine **Brandschutzhelfer-Ausbildung** gem. DGUV Information 205-023 verfügen. Wichtig ist nicht nur das theoretische Wissen der Brandbekämpfung, sondern vor allem die praktische Anwendung und realitätsnahe **Übung** mit Feuerlöscheinrichtungen. Der Grundsatz „Learning by doing" verdient in diesem Zusammenhang besondere Beachtung. Erst mit einiger praktischer Erfahrung lässt sich im Brandfall tatsächlich sicher agieren.

Die IK sollte wissen, dass zwischen **selbsttätigen** und **nicht selbsttätigen** Löscheinrichtungen unterschieden wird. Selbsttätige Feuer-

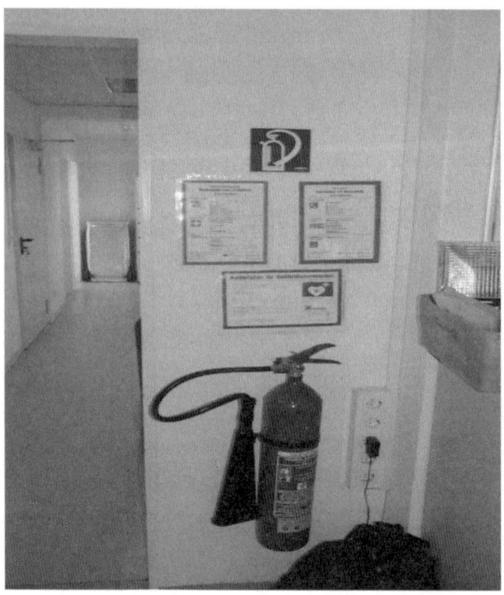

Abbildung 28: Feuerlöscher in einer NSL

löscheinrichtungen sind z.B. Sprinkleranlagen und Pulverlöschanlagen. Bei diesen Anlagen ermöglicht es eine **Vorwarnzeit**, dass Personen die Räumlichkeiten rechtzeitig verlassen können, da beispielsweise bei Kohlendioxid-Anlagen akute Erstickungsgefahr besteht. Die Anlagen funktionieren vollautomatisch und sind für die jeweiligen Räumlichkeiten konzipiert.

Für die IK sollte der sichere **Umgang mit Handfeuerlöschern** selbstverständlich sein. Die IK muss wissen:

- Einsatz des Handfeuerlöschers immer **in Windrichtung** – dabei **nicht in die Flammen** spritzen, sondern immer in die Glut bei genügend Abstand, damit das Löschmittel das gesamte Feuer erfassen kann!
- Einen **Flächenbrand** immer **von vorne nach hinten** löschen – dabei immer die Glut bekämpfen, also von unten nach oben löschen!
- **Tropf- und Fließbrände** immer von der Austrittsstelle her löschen, also in der Regel **von oben nach unten**!

Abbildung 29: Wandhydrant und Feuerlöscher

- Sollten mehrere Feuerlöscher zur Verfügung stehen, diese **gleichzeitig** einsetzen, um eine größere Löschwirkung zu erzielen!
- Beobachten der Brandstelle bis zum Eintreffen der Feuerwehr, da jederzeit mit einem **Wiederaufflammen** des Feuers gerechnet werden muss!
- Gebrauchte Feuerlöscher durch Fachpersonal **wieder aufladen** lassen und nicht einfach zurückstellen!

Bei den **Feuerlöschern** werden tragbare (max. 20 kg) und fahrbare Löschgeräte (ca. 50 kg) unterschieden. Die Feuerlöscher bestehen aus:

- Löschmittelbehälter,
- Treibmittelbehälter,
- Löschmittelfüllung,
- Betätigungs- und Sicherungseinrichtung,
- Löschschlauch mit Löschdüse,
- Steigrohr.

Die IK sollte zudem die verschiedenen **Brandklassen** kennen:

- **Brandklasse A**: Feste Stoffe wie Holz, Kohle, Papier, Heu, Stroh, u. a. – Löschmittel: Wasser, Löschpulver.
- **Brandklasse B**: Flüssige oder flüssig werdende Stoffe wie Benzin, Wachs, Teer, Harz, u. a. – Löschmittel: Löschschaum, Löschpulver, Kohlendioxid oder andere Gase.
- **Brandklasse C**: Gase wie Erdgas, Wasserstoff, Propan, Acetylen, u. a. – Löschmittel: Löschpulver, Kohlendioxid.
- **Brandklasse D**: Metalle wie Magnesium, Aluminium, Natrium, u. a. – Löschmittel: Sand, Graugussspäne, spezielle D-Löschpulver.
- **Brandklasse F**: Fette, Speiseöle in Verbindung mit Frittier- und Backeinrichtungen – Löschmittel: Fettbrandlöscher, Löschdecke.

6. Anhang

6.1 Kfz-Übergabeprotokoll

WISAG Sicherheit & Service Hessen GmbH & Co.KG, NL Mobile Dienste
Rebstöcker Straße 33
60326 Frankfurt

Kfz-Übergabeprotokoll
Archivierung 10 Jahre
Benennung Archiv: Kfz-Übergabeprotokoll / Jahr / Monat

Übergabe an: .... **Übergabe am:** .... **Uhrzeit:** ....

Kfz-Kennzeichen: .... **Nummer Intern:** .... **KM-Stand:** ....

	ja	nein	
Check / Zustand	☐	☐	wenn nein, was ist zu bemängeln? ....
Check / Beleuchtung komplett	☐	☐	wenn nein, was ist zu bemängeln? ....
Abschleppseil	☐	☐	**Schäden / Verunreinigungen** (auch Wiederholungen der Meldung eintragen)
Verbandskasten	☐	☐	
Warndreieck	☐	☐	
Warnweste	☐	☐	
Eiskratzer	☐	☐	
Parkscheibe	☐	☐	
KfZ-Papiere in Kopie	☐	☐	
Tankkarte	☐	☐	
Check / Führerschein	☐	☐	**Ohne Führerschein KEINE Ausgabe eines Kfz !!!**

Unterschrift Übernehmender Mitarbeiter: .... Unterschrift Übergebender Mitarbeiter: ....

Rücknahme am: .... **Uhrzeit:** .... **KM-Stand:** ....

Abweichungen von den oben genannten Punkten: ....

Unterschrift Übernehmender Mitarbeiter: .... Unterschrift Übergebender Mitarbeiter: ....

Kontrollfeld für Maßnahmen Kfz-Verantwortlicher/Einsatzleitung/Betriebsleitung:

6.2 Einsatzbericht Alarmverfolgung/Aufzugsbefreiung

Einsatzbericht
Alarmverfolgung/Aufzugsbefreiung

Am ______________ um __________ Uhr hat Ihre Gefahrenmeldeanlage ausgelöst, und es wurde gem. des mit dem Notruf & Service Center vereinbarten Maßnahmenplanes eine Intervention in Ihrem Objekt durchgeführt.

- ☐ Schlüsselbereitstellung
- ☐ Personenbefreiung (Aufzug)
- ☐ Einbruchalarm
- ☐ Fallenalarm
- ☐ Feueralarm
- ☐ Sabotagealarm
- ☐ Fehlende Routine
- ☐ Technische Störung
- ☐ Scharf/Unscharf Alarm
- ☐ ______________

Meldernummer/Identnummer	
Name der Firma, Kundenname	
Straße/Hausnummer	
PLZ, Ort	

Einsatzbeginn (Datum, Uhrzeit)		Einsatzende (Datum, Uhrzeit)	

Interventionspersonal (Name)	

Alarmursachenermittlung mit Innenbegehung ja ☐ nein ☐

Kunde vor Ort ja ☐ nein ☐

Ansprechpartner des Kunden ______________________________

Ausgelöste Linie ______________________________

Auslöseursache feststellbar ja ☐ nein ☐

Auslöseursache ______________________________

GMA zurückgesetzt ja ☐ nein ☐

Bemerkungen:

______________________________ ______________________________

(Ort, Datum) Unterschrift Interventionspersonal Unterschrift Kunde